$\mathcal{T}$ARTAS DULCES Y SALADAS

200 PRÁCTICAS Y RÁPIDAS RECETAS

Tapa: María Laura Martínez/ Cecilia Gigena
Diagramación: Cecilia Gigena
Fotografías: EIKON. Agencia fotográfica
Producción fotográfica: María Laura Martínez
Coordinación: María Eugenia Delía
Corrección: Cecilia Repetti

200 TARTAS DULCES Y SALADAS
1ª edición - 3500 ejemplares
Impreso en Gráfica MPS S.R.L.
Santiago del Estero 338
Lanús Oeste
Buenos Aires, Agosto 2004

Copyright © 2004 by EDITORIAL ALBATROS SACI
J. Salguero 2745 5º - 51 (1425)
Buenos Aires - República Argentina
E-mail: Info@albatros.com.ar
www.albatros.com.ar

ISBN 950-24-1064-5

Muñoz, Lolita
    Tartas dulces y saladas. - 1ª. ed. – Buenos Aires
    Albatros, 2004.
    192 p. ; 22x15 cm. – (200 recetas)

    ISBN 950-24-1064-5

    1. Tartas dulces y saladas I. Título
    CDD 641.865 3

Prólogo

Quizás las tartas, por su practicidad, se han convertido en una comida clásica. Se cortan en porciones, contienen distintos rellenos sin dejar que se derramen y agregan a los ingredientes el exquisito toque de una masa de textura suave, que acompaña los diferentes sabores salados o dulces. Pero, además de ayudarnos a ahorrar tiempo en la cocina o permitirnos llevarlas cómodamente para comer en la oficina o el picnic, las tartas y pasteles dulces o salados son un verdadero desafío de sabor y color.

Hay tartas de todas clases. Grandes, pequeñas, esponjosas, crocantes, frías, calientes, heladas. Este libro es una invitación a probarlas. Cada cual sabrá elegir sus favoritas. Hay para todos los gustos y también para todos los tiempos ya que podrán encontrar desde preparaciones muy elaboradas dignas de un menú de lujo hasta tartas rápidas, para aquellos que trabajan y deben resolver rápidamente las comidas diarias.

Les sugiero que, en vez de comprar la masa, se tomen unos minutos para prepararla en casa. No les llevará más tiempo que poner la mesa y el resultado será completamente distinto. La masa de tartas, en cualquiera de sus variantes, es rápida de hacer y no se necesitan conocimientos especiales de cocina para obtener resultados exitosos. La única excepción es la masa de hojaldre, ideal para las personas que tienen cierta experiencia o desean tomarse su tiempo para aprender cómo lograr esa exquisitez de mil hojas crocantes. Sea cual fuere su elección, les deseo todo el éxito que seguramente tendrán al ofrecer algo hecho con amor por sus propias manos.

Lolita Muñoz

Equivalencias y medidas

Las medidas de cualquier receta son relativas dado que no se trata de miligramos pesados en balanzas de precisión, como en una fórmula farmacéutica. Los huevos pueden ser más o menos grandes, la harina de distinta calidad, lo cual la hace variar en volumen, e incluso las tazas y las cucharas no son tan estándares como antes. Una cuchara de postre o sopera, por ejemplo, puede variar de tamaño entre una y otra marca, y como la cocina es un laboratorio informal, allí podemos crear dándonos el lujo de no ser tan precisos. Así, la experiencia que vayamos adquiriendo hará que, como nuestras abuelas, con el tiempo nos demos cuenta "a ojo" si una masa necesita más o menos harina, diga lo que diga la receta original. Es más, posiblemente hasta nos atrevamos a crear nuestras propias fórmulas añadiendo o quitando sin temor diferentes ingredientes. ¡Manos a la obra!

Para tener en cuenta

Cuando mida harina en una taza, no la presione. Debe llenarla suavemente hasta el borde moviéndola un poco para que se nivele.

Las tazas, salvo que la receta indique lo contrario, son las que usamos para café con leche. Tienen capacidad para ¼ litro (250 centímetros cúbicos/cm³) de líquido (agua, leche, jugo).

Para medir una taza de manteca hay dos formas: una es llenar la taza con manteca blanda, cuidando que no queden huecos. La otra es colocar dos tazas de agua (500 cm³) en una jarra medidora y añadir manteca fría hasta que el volumen corresponda a tres tazas (750 cm³). La tercera será la de manteca. Luego escurrir la manteca y usar.

Equivalencias más comunes

Azúcar
1 cucharada al ras = 14 gramos
1 cucharada = 21 gramos
1 cucharada colmada = 30 gramos
1 pocillo tamaño café = 63 gramos
1 taza = 220 gramos

Miel
1 cucharada = 23 gramos

Fécula de maíz
1 cucharada al ras = 8 gramos
1 cucharada = 14 gramos
1 cucharada colmada = 29 gramos

Azúcar impalpable
1 taza = 120 gramos

Harina
1 cucharada al ras = 11 gramos
1 cucharada = 18,5 gramos
1 cucharada colmada = 25 gramos
1 pocillo tamaño café = 58 gramos
1 taza = 120 gramos

Aceite
1 cucharada = 12,5 gramos

1 pocillo tamaño café = 55 gramos
1 taza = 120 gramos

Agua (y líquidos de densidad
similar, como el jugo y la leche)
1 cucharada = 2,5 gramos
1 taza tamaño desayuno = 250
centímetros cúbicos (cm³)

Manteca
1 cucharada = 15 gramos
4 cucharadas = ¼ de taza

Referencias

**Complejidad
de la receta**

• Las sugerencias acerca de la complejidad de la receta (fácil,
medianamente fácil, compleja) obviamente dependen de la experiencia
de quien cocina, por lo tanto son relativas y sirve para saber, al
embarcarse a hacer alguna receta, el grado posible de dificultad.

**Tiempo de
preparación**

• Los tiempos de preparación también dependen de la experiencia
de quien cocina. Las recetas sin ingredientes para preparar la masa
no incluyen el tiempo de preparación de la misma. En ese caso se
deberá sumar el tiempo de preparación de la receta básica de la masa
correspondiente.

Importante: en las recetas, el tiempo de preparación no incluye el del armado de la masa.
Habrá que sumarlo por lo tanto al de cada receta. Es importante también tener en cuenta,
por razones de tiempo, que casi todas las masas pueden prepararse uno o dos días antes y
estacionarse en la heladera, envueltas en polietileno, hasta el momento de ser utilizadas.

**Tiempo
de cocción**

• El tiempo de cocción es aún más incierto, ya que cada horno calienta
mucho, poco o es de cocción irregular. Es preferible controlar la
cocción un poco "a ojo", sin confiar demasiado en fórmulas
estrictas, porque la cocina casera no es estricta sino flexible y
adaptable a cada situación.

Porciones

• Las porciones también dependen del ojo goloso de quien reparte
o de la glotonería o austeridad de los comensales. Algunas personas
consideran una porción de tarta lo que otros consideran sólo media.

Cantidades de masa

En cada receta se indica 1 disco de masa o cantidad necesaria. Esto se aclara porque las cantidades de cada receta básica son para una tartera mediana, pero como en cada hogar hay tarteras "más altas", "más anchas", etc., puede que cada ama de casa deba aumentar los ingredientes proporcionalmente "a ojo" para cubrir la totalidad de la superficie de alguna tartera o fuente en particular. En cuanto al relleno, si no es demasiada la diferencia, puede dejarse igual ya que, a lo sumo, la tarta saldrá un poco más chatita.

Utensilios

Hay utensilios que todas sabemos que no son lo que parecen. Por ejemplo, una tapa de cacerola es lo ideal para dar vuelta una tortilla, aunque no figure en ningún tratado de cocina. De todos modos y aunque todas sabemos bien qué tenemos en nuestra cocina, cuál es nuestro cuchillo favorito y cómo nos las arreglamos con lo que tenemos, aquí van los "indispensables"para preparar tartas y pasteles:

• **Un buen palote de amasar:** lo ideal es que no sea demasiado pesado, a menos que se desee hacer musculación mientras se cocina.

• **Bols:** al igual que los recipientes herméticos, nunca serán demasiados y siempre nos seguiremos comprando uno más.

• **Batidor de alambre:** el clásico que usaban nuestras abuelas. Mejor si es eléctrico pero manual. La batidora eléctrica también ahorra tiempo y esfuerzo, pero es más complicada de limpiar.

• **Cuchara de madera:** absolutamente indispensable. Si tiene mango largo mejor, para no quemarnos con el vapor.

• **Moldes para tortas y tartas:** los de lata son los más comunes y resultan muy económicos. Conviene aceitarlos un poco si los vamos a guardar por mucho tiempo sin usar. Los moldes de tartas desmontables son ideales para algunas preparaciones, pues permiten que la tarta repose en su base, sin correr el riesgo de quebrarla al traspasarla a una fuente.

• **Moldes con aro desmontable:** son moldes redondos y lisos para tortas que tienen un aro lateral que puede abrirse y cerrarse a voluntad. Sirven para desmoldar tortas con rellenos o cubiertas frágiles.

• **Moldes con base desmontable:** son tarteras, generalmente de bordes acanalados, que tienen una base agujereada y otra circular, que va en el interior. Al levantar la base circular desde la parte agujereada, se desmolda fácilmente la tarta, que queda apoyada en la base circular.

• **Moldes para tarteletas:** existen variedad de formas y tamaños en el mercado. Las de copetín deben ser pequeñas y pueden ser lisas, acanaladas, con forma de barquito, etc. Las más grandes suelen tener un reborde con ondas pequeñas.

• **Molde para budín inglés:** se emplea en algunos casos, como en el "paté de la maison" y puede servir para pasteles chicos (utilizando la mitad de los ingredientes que indica la receta).

• **Espátula de goma:** para sacar "hasta la última gota" de los batidos o mezclas.

• **Manga y boquillas:** muy útiles para diferentes preparaciones y decoraciones.

• **Jarrita medidora:** es útil para medir líquidos y sólidos.

• **Una buena mesada:** si es una tabla grande de madera, mejor. Si no cualquier mesa de mármol, fórmica, etc., o hasta la mesada de la cocina pueden servir.

• **Tamiz:** para tamizar harina, azúcar impalpable, etc. A falta de tamiz se puede usar un colador pequeño de los comunes, de malla fina.

• **Cacerolas y cacerolitas:** para preparar todo tipo de rellenos que lleven cocción.

• **Fuentes térmicas de vidrio:** también pueden utilizarse para llevar directamente la tarta del horno a la mesa.

• **Pincel de cocina:** para pincelar con huevo batido, mermelada reducida, etc.

• **Cortapastas (con los diseños que desee):** sirven para decorar con masa la superficie de algunas tartas, y darles un toque más decorativo que si las cubriésemos con un disco de masa. También pueden recortarse formas de masa (con cortapastas o un cuchillito filoso) para decorar las superficie de un pastel, pegando cada forma sobre el disco superior de masa con un poco de huevo batido.

• **Rallador** (fino, para rallar cáscaras de cítricos, grueso para rallar queso, etc.).

• **Film de polietileno, papel manteca, papel de aluminio, etc.,** o lo que se pueda conseguir. Una masa, por ejemplo, puede guardarse en la heladera dentro de una bolsita usada donde nos vendieron pan, en vez de comprar film).

Glosario

• **Cocinar "a blanco":** en el caso de las tartas, se trata de dar un golpe de horno a la cubierta de masa sin relleno, para que se seque y endurezca, pero sin que tome color dorado. Es una cocción muy rápida, de apenas minutos y se realiza para que el relleno no "moje" la masa y la ablande. En la cocción a blanco se pincha la masa con tenedor para que no se infle o haga globos y se la puede pintar también con clara de huevo, para impermeabilizarla más.

• **Corona (o anillo) de harina:** se forma haciendo una especie de "volcán" de harina sobre la mesada, para poner los demás ingredientes en su interior.

• **Tamizar:** consiste en pasar por un tamiz, un cernidor o un colador de malla fina ingredientes secos, como harina, polvo para hornear, etc. De este modo se aligera y airean los ingredientes para que las preparaciones resulten más esponjosas. También se tamizan otros ingredientes, como el azúcar impalpable, para quitarle gránulos e impurezas.

• **Queso mantecoso:** queso fresco, queso tipo cuartirolo.

• **Filetear:** cortar en tajadas muy finas.

• **Fuego corona:** fuego mínimo, donde la llama no sobrepasa el quemador.

• **Repulgar:** unir ambos bordes de masa de una tarta, empanada, etc., doblándolos hacia adentro.

• **Moka:** se llama torta, crema o "moka" a la preparación que lleva café.

• **Picos:** el término se usa generalmente en un batido, por ejemplo de merengue o glacé, para indicar el punto. Cuando con la cuchara levantamos un poco el batido, éste queda con una pequeña elevación, como si fuese un pico o copete.

• **Praliné:** es una preparación a base de caramelo y frutas secas que se pulveriza en gránulos pequeños. Sirve para decorar o enriquecer cremas, rellenos, etc.

• **Bollo liso:** bollo de masa que se nota homogéneo, sin grumos y con los ingredientes perfectamente amalgamados.

• **Fondant:** jarabe de azúcar adicionado con glucosa, que tiene textura de una pasta espesa, blanca y opaca. Suele comprarse en casas de repostería. Puede perfumarse y colorearse a gusto. Para utilizarlo, se funde a baño maría hasta que se ablanda. Sirve para bañar budines, masitas, etc.

• **Glasé:** es una preparación que lleva azúcar impalpable, claras de huevo y gotas de jugo de limón. Se la suele colorear y se emplea para decorar o bañar algunos productos de pastelería.

• **Acaramelar:** cubrir un molde con caramelo líquido para que luego se cristalice y se ponga duro. Se emplea en vez de enmantecar y enharinar para hacer algunas preparaciones como flanes y budines.

• **Punto nieve:** es el punto de batido de las claras que se emplea para hacer tortas, merengues, etc. Para reconocerlo, hay que invertir con cuidado el bol donde se batieron las claras. Si las claras no se deslizan, se ha llegado a punto nieve.

• **Mezclar:** es revolver, en el sentido de las agujas del reloj, para integrar dos o mas ingredientes.

• **Batir:** es un movimiento rápido que se imprime generalmente con batidor, para espumar una preparación.

• **Pasas de uva:** existen diferentes variedades (sultanas, corinto, etc.). Son granos de uva desecados.

• **Enmantecar y enharinar:** cubrir un molde completamente en su interior primero con manteca blanda y luego con harina. Invertirlo y golpearlo para quitarle el excedente de harina antes de utilizarlo.

• **Cerezas:** existen confitadas, en almíbar y al marrasquino. Se emplean en distintas preparaciones, de acuerdo con la receta.

• **Almendras peladas (o blanqueadas):** para quitarles la cubierta marrón se pasan por agua hirviendo, se escurren y se frotan con un repasador.

• **Almendras fileteadas:** son almendras peladas, cortadas en láminas muy finas. Generalmente se compran ya fileteadas en casas de repostería.

• **Manteca pomada:** punto de la manteca en el cual no ofrece resistencia ante la presión de un tenedor y mantiene un aspecto similar a una "pomada".

• **Procesar:** pasar los ingredientes por la procesadora. En algunos casos, se puede reemplazar por una buena licuadora.

• **Baño maría:** forma de cocción que consiste en superponer un recipiente térmico con una preparación determinada (por ejemplo, claras y azúcar, para hacer merengue cocido), sobre una cacerola con agua. Ambos recipientes se llevan así al fuego. Esta forma permite que la temperatura sea suave y no malogre los resultados. El recipiente superior no debe tocar el agua, que hervirá en el inferior.

• **Placas limpias:** no se refiere a la suciedad, sino a que estén libres de manteca, harina aceite o cualquier otro ingrediente. La masa hojaldrada, muchas veces se cocina en placas "limpias", pero ligeramente humedecidas con agua para que se abran bien las hojas de la masa.

• **Fécula de maíz:** también se conoce con el nombre de "maicena".

• **Chocolate cobertura:** es una clase de chocolate muy utilizado en repostería. Se debe disolver a baño maría a muy poca temperatura para que no se pase, pues el calor excesivo lo endurece, en vez de ablandarlo. Sirve especialmente para bañar bombones, galletitas, etc., y una vez frío, queda duro y firme.

• **Chocolate:** si se indica en una receta chocolate sin especificar cuál, se refiere al chocolate para taza, que viene en barritas.

• **Abrillantar:** pincelar con mermelada reducida, gelatina a medio coagular u otro medio espeso y brillante que de brillo a una cubierta.

• **Blanquear:** pasar por agua hirviendo vegetales (u otro ingrediente) para ablandarlos y darles apenas una cocción leve.

• **Gratinar:** poner por poco tiempo un plato en horno muy caliente para que se dore la superficie y se forme una "costra" dorada. Una forma sencilla y rápida de gratinar es ubicar una tarta en la parte de abajo del horno (la parrilla) para que la llama quede encima de la misma.

• **Mousse:** crema esponjosa a base de claras batidas a nieve, yemas y otros ingredientes.

• **Chiffon:** es una mousse un poco más firme, sostenida por el agregado de muy poca gelatina

• **Bavaroise:** preparación cremosa que lleva gelatina, crema de leche y tiene una firmeza similar a la de un flan.

• **Souffleé:** batido a base de huevos que crece y aumenta de volumen cuando se cocina en el horno.

• **Imitación souffleé:** cuando se prepara un batido y se coloca un aro alrededor de un molde para que, al enfriar la mezcla y quitar el aro, quede un reborde como si hubiese "crecido como un souffleé".

TARTAS SALADAS

CAPÍTULO 1

Recetas básicas y secretitos

Masa salada crocante

 Fácil   20 minutos

Ingredientes

Manteca blanda, 100 gramos
Yemas, 1
Agua fría, 3 a 4 cucharadas
Vinagre, 2 y ½ cucharadas
Sal y pimienta, a gusto
Harina, 1 taza

Preparación

1. En un bol y con la ayuda de un tenedor, mezclar la yema junto con la manteca, el vinagre y el agua.
2. Sazonar con sal y pimienta a gusto.
3. Unir con la harina mezclando enérgicamente hasta formar un bollo.
4. Terminar el amasado del bollo en una mesa bien enharinada hasta obtener una masa bien tierna.
5. Cubrir la masa con film de polietileno sin presionar demasiado.
6. Colocar el bollo en la heladera y dejar descansar de 15 a 20 minutos antes de estirar.

Masa crocante II

Ingredientes

Harina, 200 gramos
Agua fría, 4 o 5 cucharadas
Manteca en trozos pequeños, 100 gramos
Sal y pimienta, a gusto

Preparación

1. Colocar la harina, los trozos de manteca, la sal y la pimienta sobre la mesada.

2. Con la ayuda de dos cuchillos, cortar la manteca, mientras se va formando un granulado junto con los demás ingredientes secos.

3. Colocar este granulado en un bol e ir agregando agua hasta formar una masa que no se pegotee (añadir más harina si fuera necesario).

4. Reservar tapando en la heladera hasta el momento de utilizar.

5. Forrar con la masa una tartera enmantecada y enharinada.

Masa esponjosa I

Ingredientes

Harina, 300 gramos
Sal, 1 cucharadita al ras
Polvo de hornear, 1 y ½ cucharaditas
Manteca fría, 50 gramos
Crema de leche, 190 gramos

Preparación

1. Disponer la harina, el polvo de hornear y la sal sobre la mesada.

2. Agregar la manteca a los ingredientes anteriores y con la ayuda de un cuchillo cortar hasta formar un granulado.

3. Colocar este granulado en un bol e ir mezclando la crema de leche hasta formar un bollo (sin amasar).

4. Reservar en la heladera hasta utilizar.

Masa esponjosa II

 Fácil   ⏱ 20 minutos

Ingredientes

Harina, 250 gramos
Sal, 1 cucharadita al ras
Polvo de hornear, 2 cucharaditas
Manteca fría, 50 gramos
Leche, ¾ de taza
Yemas, 2

Preparación

1. Disponer la harina, el polvo de hornear y la sal sobre la mesada.
2. Agregar la manteca a los ingredientes anteriores y con la ayuda de un cuchillo cortar hasta formar un granulado.
3. Batir las yemas junto con la leche.
4. Verter en el bol que contiene el granulado e ir mezclando la leche batida con las yemas hasta formar un bollo (sin amasar).
5. Reservar en la heladera hasta utilizar.

Masa para tarteletas (hojaldrada)

 Fácil   20 minutos   12 a 15 tarteletas

Ingredientes

Harina 1 y ¼ de taza
Sal, una pizca
Polvo para hornear, 1 cucharadita
Manteca o margarina, bien fría, 100 gramos
Agua helada, ¼ de taza

Preparación

1. Tamizar la harina con la sal y el polvo de hornear.
2. Agregar la manteca o la margarina y cortar todo con dos cuchillos hasta que la manteca quede granulada.
3. Rociar el granulado con el agua helada y unir los ingredientes presionándolos con los dedos hasta obtener una masa de textura irregular. Esta masa no se debe trabajar mucho con las manos, para evitar que el calor de las mismas derrita la manteca.
4. Mantener la masa en la heladera, envuelta en film de polietileno, hasta el momento de utilizar.

Paté brisée (sin huevo)

 Fácil 20 minutos

Ingredientes

Harina, 250 gramos
Manteca, 150 gramos
Sal, ¾ de cucharadita
Agua tibia, 5 cucharadas
  aproximadamente

Preparación

1. Disponer la harina y la manteca sobre la mesa.
2. Unir la manteca con la harina y frotar con la yema de los dedos hasta granular la preparación.

3. Una vez que haya granulado finamente la manteca y la harina, colocar la preparación en un bol.
4. Añadir el agua tibia de a poco a la preparación mientras se sigue unificando y amasando los ingredientes con la mano.
5. Mezclar enérgicamente hasta lograr un bollo liso, homogéneo y bien tierno.
6. Enharinar levemente el bollo y cubrirlo con polietileno.
7. Dejar descansar el bollo en la heladera al menos 20 minutos antes de estirarlo.

Masa tipo hojaldrada

 Medianamente fácil 30 minutos

Ingredientes

Harina, 1 y ½ tazas
Manteca, 120 gramos
Sal, ½ cucharadita
Polvo para hornear, ½ cucharadita
Leche bien fría, ½ pocillo de café
  aproximadamente

Preparación

1. Colocar la harina junto con la manteca, la sal y el polvo para hornear sobre la mesa.
2. Cortar la manteca bien fría con la ayuda de dos cuchillos hasta obtener pequeños granitos de manteca.

3. Colocar la preparación en un bol y añadir la leche revolviendo al mismo tiempo con un tenedor hasta formar un bollo.
4. Colocar la preparación sobre la mesa nuevamente y con una espátula o tarjeta plástica, cortar y juntar los ingredientes de manera que quede una preparación rústica (es importante no amasar la preparación, sino juntar los ingredientes únicamente para lograr el efecto hojaldre).
5. Colocar la masa en un bol con tapa bien cerrado hasta el momento de su utilización.

Masa diet de ricota

 Fácil 20 minutos 1 tarta mediana

Ingredientes

Ricota, ¼ kilo
Queso rallado, 2 cucharadas
Sal y pimienta, a gusto
Yema, 1
Clara batida a nieve, 1
Aceite, cantidad necesaria

Preparación

1. Untar una tartera con aceite.
2. Mezclar bien la ricota con la yema y el queso rallado.
3. Sazonar con sal y pimienta.
4. Unir la clara batida a nieve y mezclar muy suavemente.
5. Verter la pasta en el centro de la tartera aceitada.
6. Extenderla hacia los bordes ayudándose con el dorso de una cuchara, tratando de que el espesor quede parejo.
7. Cocinar en horno moderado hasta que esté seca y apenas dorada. Si se forma algún globo, pincharlo con un tenedor.
8. Retirar del horno, rellenar a gusto y si el relleno necesita cocción, poner la tarta nuevamente en el horno, a temperatura moderada, hasta que el relleno esté cocido.
9. Servir cortada en porciones, como cualquier tarta.

Masa de hojaldre

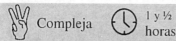 Compleja 1 y ½ horas

Ingredientes

Harina, 225 gramos
Manteca, 225 gramos
Sal, una pizca
Agua, ½ taza

Preparación

Masa de agua

1. Tamizar la harina junto con la sal sobre la mesa.
2. Hacer un hueco en el centro y colocar en él una cucharada de la manteca indicada. Amasar mientras se incorpora de a poco el agua, hasta obtener una masa muy blanda, casi pegajosa. Trabajarla sobre la mesa hasta que no se observe ningún grumo de manteca. Lavarse las manos, secárselas y enharinarlas para poder moldear la masa en forma de bollo.
3. Tapar la masa y dejarla descansar sobre la mesa durante hora.

Masa de manteca

1. Poner la manteca sobre la mesa y amasarla con una espátula hasta convertirla en "manteca pomada" de consistencia uniforme.
2. Poner la manteca sobre la mesa enharinada, y aplastándola con la espátula, también enharinada, achatarla y darle forma cuadrada de ½ cm de espesor. Poner en la heladera durante 10 minutos.

Armado de la masa

1. Estirar la "masa de agua" sobre la mesa enharinada, dejándola de ½ cm de espesor y dándole forma cuadrada.
2. Colocar el cuadrado de manteca en el centro del cuadrado de la "masa de agua" como si armara un sobre.
3. Tapar la manteca plegando hacia el centro cada vértice de la masa de agua como si armara un sobre.
4. Presionar las uniones ligeramente con el palote para que no se filtre luego la manteca.

Dobleces

1. Enderezar el "sobre" y estirarlo con el palote enharinado sobre una mesa también enharinada dándole forma de rectángulo largo y angosto de ½ cm de espesor.
2. Doblarlo en tres. Presionar los extremos suavemente con el palote.
3. Hacer girar la masa 90 grados, de modo que los extremos abiertos queden a sus costados.
4. Volver a estirar la masa en forma de rectángulo largo, angosto y delgado.
5. Doblar en tres.

6. Envolver la masa en una bolsa de polietileno y dejarla descansar en la heladera durante 30 minutos.

7. Volver a colocar la masa sobre la mesa de modo que los extremos abiertos queden a sus costados. De nuevo estirarla en forma de rectángulo largo, angosto y delgado. Doblar en tres.

8. Hacer girar la masa 90 grados y repetir la operación tres veces mas, de modo en que en total habrá hecho seis dobleces a la masa.

9. Si hiciera mucho calor, dejar descansar la masa en la heladera unos 10 minutos luego de cada doblez. La masa de hojaldre se cocina en placas limpias apenas humedecidas.

Imitación masa de hojaldre

 Fácil 60 minutos

(Esta masa es ideal para tarteletas hojaldradas o bases de tartinas hojaldradas)

Ingredientes

Queso crema, 6 cucharadas
Manteca fría, 6 cucharadas
Harina, 6 cucharadas

Preparación

1. Cortar sobre la mesada la manteca junto con la harina con la ayuda de dos cuchillos hasta obtener un granulado fino.

2. Poner el granulado en un bol. Agregar el queso crema y mezclar con la ayuda de un tenedor hasta obtener un bollo. No debe trabajarse con las manos.

3. Volcar sobre la mesada enharinada y aplastar la masa con una espátula enharinada, cortando y superponiendo las partes hasta lograr unirla y darle forma de pan de manteca grande.

4. Poner la masa en la heladera hasta que tome consistencia.

5. Tomar pequeños trozos y forrar tarteletas con esta masa o estirarla sobre mesada enharinada para forrar tartas con base de hojaldre.

Media hojaldre

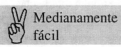 Medianamente fácil   1 hora   (Para el hojaldre se emplea la misma cantidad de harina que de manteca, la media hojaldre lleva la mitad de cantidad de manteca)

Ingredientes

Harina, ½ kilo
Manteca, 250 gramos
Sal, ¼ de cucharadita
Agua, ½ taza
Fécula de maíz tamizada,
* cantidad necesaria*

Preparación

Masa de agua
1. Poner la harina sobre la mesada en forma de corona.
2. Colocar en el centro la sal. Incorporar de a poco el agua y amasar hasta obtener una masa tierna y algo pegajosa.
3. Enharinarse las manos y darle a la masa forma de bollo.
4. Tapar la masa y dejarla descansar durante ½ hora.

Masa de manteca
1. Amasar la manteca sobre la mesada hasta que tenga consistencia de pomada.
2. Ubicarla en un bol.

Armado
1. Estirar la masa de agua sobre la mesada enharinada hasta obtener un rectángulo de ½ centímetro de espesor.
2. Distribuir la manteca en forma de copos sobre la mitad del rectángulo.
3. Doblar la masa por la mitad tapando los copos de manteca.
4. Girar la masa 90 grados y estirarla nuevamente a ½ centímetro de espesor.
5. Espolvorearla con fécula de maíz y doblarla en tres.
6. Girarla nuevamente 90 grados y estirarla de ½ centímetro de espesor.
7. Doblarla esta vez en cuatro.
8. Envolverla en film de polietileno y guardar en la heladera por lo menos 1 hora antes de utilizar.

Masa para pascualina

 Medianamente fácil   30 minutos

Ingredientes

Harina, 2 tazas y cantidad extra
Huevos, 1

Aceite, 3 cucharadas
Sal, 1 y ½ cucharaditas
Agua fría, cantidad necesaria

Preparación

1. Colocar la harina sobre la mesada y hacer un hueco en el centro.
2. Añadir la sal, el huevo y el aceite.
3. Mezclar los ingredientes, a medida que se vierten pequeñas cantidades de agua fría, hasta lograr una masa blanda y lisa, pero no pegajosa (usar harina extra si fuera necesario).
4. Amasar bien y separar en dos bollos, uno mas grande que el otro.
5. Dejar descansar ambos bollos tapados, sobre la mesada.
6. Luego estirar el bollo más grande sobre la mesada enharinada y forrar el fondo de una tartera enmantecada y enharinada.
7. Una vez forrada la tartera, verter el relleno.

8. Estirar el bollo más pequeño de igual modo que hicimos con el primero.
9. Cubrir, con esta masa, la parte superior de la tarta. Humedecer ambos bordes, los de la masa de base y los de la masa de cubierta, e ir presionando todo el contorno para que el relleno no corra riesgo de salirse durante la cocción.
10. Recortar los excedentes de masa y hacer un repulgo a gusto.
11. Si se desea, con los recortes de masa se pueden hacer figuras y colocarlas adornando la superficie de la tarta. Luego pintar con huevo para que las figuras queden adheridas, y la tarta tome un agradable brillo dorado.

Masa frola salada

 Fácil 20 minutos

Ingredientes

Manteca, 200 gramos
Huevos, 2
Sal, 1 cucharadita
Harina leudante, 2 tazas

Preparación

1. Poner los huevos, la manteca y la sal en un bol. Pisarlos con un tenedor hasta que todo quede convertido en una pomada.
2. Verter de golpe la harina leudante y mezclar, uniendo todos los ingredientes hasta obtener un bollo liso y tierno. Si fuese necesario, añadir un chorrito de leche fría.
3. Utilizar como indique la receta.

Masa básica de pan con grasa

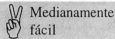 Medianamente fácil 🕐 20 minutos (Para hacer pasteles rústicos)

Ingredientes

Agua, 2 tazas
Margarina, 2 cucharadas
Sal, ½ cucharada
Azúcar, 2 cucharadas
Harina, 800 gramos
Levadura prensada, 25 gramos

Preparación

1. Disolver la margarina, el azúcar y la sal en el agua caliente. Dejar entibiar.
2. Añadir la levadura y 200 gramos de harina.
3. Batir a mano abierta un buen rato.
4. Dejar levar tapado hasta que se esponje.
5. Añadir el resto de la harina. Formar un bollo que se desprenda del bol.
6. Amasar el bollo sobre la mesada enharinada entre 10 y 15 minutos hasta que la masa esté lisa y elástica.
7. Ubicar la masa en un bol y dejarla levar tapada en lugar tibio.
8. Una vez levada, volver a amasar para quitarle el exceso de aire y armar un bollo. En el momento, si se desea, saborizar la masa con orégano, pimentón, ajo, cebolla, etc.
9. Dejar levar nuevamente el producto ya preparado y cocinar como indica la receta (para un pastel, aproximadamente 45 minutos).

Bizcochos para el mate

 Fácil   20 minutos   6 a 10 minutos

Ingredientes

Sobrantes de masa de tarta o
*   tarteletas crocante*
Manteca y harina para el molde

Preparación

1. Armar un bollo de masa amasando los recortes.
2. Extender la masa sobre la mesada, con ayuda de un palote hasta lograr un espesor de 5 milímetros.
3. Cortar cuadraditos o recortar círculos con cortapastas.
4. Pinchar con tenedor y cocinar sobre placas enmantecadas y enharinadas en horno caliente hasta que estén dorados y crocantes.
5. Una vez fríos, guardar en frascos o latas herméticos.

Masa para pastel salado

 Fácil   15 minutos   2 discos de masa medianos

Ingredientes

Harina 1 y ¼ de taza
Sal, una pizca
Polvo para hornear, 1 cucharadita
Manteca o margarina, bien fría,
100 gramos·
Agua helada, ¼ de taza

Preparación

1. Tamizar la harina con la sal y el polvo de hornear.

2. Agregar la manteca o la margarina y cortar todo con dos cuchillos hasta que la manteca quede granulada.

3. Rociar el granulado con el agua helada y unir los ingredientes presionándolos con los dedos hasta obtener una masa de textura irregular. Esta masa no se debe trabajar mucho con las manos para evitar que el calor de las mismas derrita la manteca.

4. Mantener la masa en la heladera, envuelta en film de polietileno, hasta el momento de utilizar.

Salsa mayonesa (práctica)

 Fácil   15 minutos

Ingredientes

Huevos, 2
Aceite, cantidad necesaria
Jugo de limón, 1 cucharada
Sal y pimienta, a gusto

Preparación

1. Poner los huevos enteros en un vaso de mixer o en una licuadora.
2. Poner el artefacto eléctrico en funcionamiento y, mientras gira, añadir aceite en forma de hilo hasta que la preparación se torna bien espesa.
3. Condimentar con sal y pimienta, añadir el jugo de limón y mezclar bien.
4. Reservar en la heladera hasta el momento de utilizar.

Gelatina salada

 Fácil 20 minutos ⏳ 10 a 15 minutos

Ingredientes

Caldo desgrasado, 1 litro
Gelatina en polvo, sin sabor, 40 gramos
Agua, ¼ de taza
Vino blanco, seco, 3 cucharadas
Jugo de limón, 1 cucharada
Estragón, seco, 1 y ½ cucharaditas
Claras, levemente batidas, 2
Sal y pimienta, a gusto

Preparación

1. Verter el caldo en una cacerolita y llevarla sobre el fuego de la hornalla.
2. Remojar la gelatina en ¼ de taza de agua fría y agregar al caldo en la cacerolita. Revolver continuamente hasta que la gelatina se haya disuelto por completo.
3. Inmediatamente, agregar el vino, el jugo de limón y el estragón.
4. Mantener sobre el fuego hasta que el caldo rompa en hervor, entonces las claras ligeramente batidas, y bajar el fuego. Mezclar bien.
5. Dejar que se enfríe en la misma cacerolita.
6. Una vez frío, filtrar el caldo a través de un filtro o colador de café.
7. Sazonar con sal y pimienta, si fuera necesario.
8. La gelatina debe verse transparente. Si esto no ocurriese, hacer hervir nuevamente y agregar una clara y ligeramente batida (luego dejar enfriar y filtrar igual que en el paso anterior).

Claras a nieve

 Fácil 15 minutos

Ingredientes

Claras de huevo, 2
Sal, 1 pizca

Preparación

1. Elegir un bol que esté bien seco y sin restos de materia grasa (para evitar que las claras "no suban").
2. Verter las dos claras de huevo cuidando que no tengan restos de yema (pues esa materia grasa también puede impedir que crezcan).
3. Añadir la pizca de sal.
4. Batir con batidora manual, batidor de alambre o batidora eléctrica hasta que parezcan una espuma.

Salsa blanca espesa

 Fácil 10 minutos 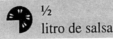 ½ litro de salsa

Ingredientes

Manteca, 5 cucharadas (50 gramos)
Harina, 5 cucharadas (50 gramos)
Leche, ½ litro
Nuez moscada, 1 pizca
Sal y pimienta, a gusto

Preparación

1. Derretir la manteca en una cacerolita y agregarle la harina.
2. Cocinar a fuego fuerte durante 2 minutos sin dejar de revolver con cuchara de madera (la mezcla debe tomar color dorado).
3. Volcar la leche fría en la mezcla de una sola vez, bajar el fuego y revolver hasta que hierva.
4. Cocinar a partir del hervor a fuego bajísimo revolviendo siempre hasta que la salsa se espese.
5. Retirar del fuego, salpimentar a gusto, añadir la nuez moscada y seguir revolviendo durante 2 minutos más.

Conservación

Si no se utiliza la salsa inmediatamente, en un recipiente que no sea de metal, cubrir la superficie con 20 gramos de manteca derretida y guardar en la heladera no más de 24 horas.

Para un resultado perfecto:

- Utilizar una cacerolita con fondo grueso para que la salsa no se pegue en el fondo.

- La mezcla de harina y manteca debe estar perfectamente unida antes de agregarle la leche. De este modo no se formarán grumos.

- Revolver la salsa siempre en el mismo sentido, pasando la cuchara. también por los costados de la cacerola. De este modo, la salsa se cocinará en forma uniforme.

- Si no obstante todas las precauciones, se forman grumos, se puede pasar la salsa a través de un colador de alambre no muy fino ayudándose con el reverso de una cuchara, o se puede batir con la batidora para lograr que la salsa blanca adquiera una consistencia homogénea.

CAPÍTULO 2

Tartas de verduras

Tarta de zapallitos y panceta

 Fácil  40 minutos 45 a 50 minutos 8 porciones

Ingredientes

Masa básica tipo hojaldre en crudo
Zapallitos, cocidos y cortados
en rodajas, 3
Queso cemoso, cortado en daditos,
1 y ½ tazas
Queso rallado, 3 cucharadas
Cebolla, picada, 1
Cebolla de verdeo, picada, 1
Panceta en un trozo, 100 gramos
Huevos batidos, 3
Ají rojo picado 1
Aceite, 3 cucharadas
Trocitos de manteca, cantidad necesaria
(y cantidad adicional para enmantecar)
Harina, cantidad necesaria para tartera
Sal, pimienta y nuez moscada, a gusto

Preparación

1. Forrar una tartera desmontable, previamente enmantecada y enharinada, con la masa básica tipo hojaldre. Pinchar completamente. Recortar los excedentes de los bordes y reservar en la heladera.
2. Calentar las tres cucharadas de aceite en una sartén y saltear la cebolla picada común, la cebolla de verdeo picada y el ají rojo picado. Añadir la panceta cortada en tiras finas. Rehogar y dorar. Colocar en un bol y dejar enfriar.
3. Agregar al bol que contiene las verduras con panceta los huevos batidos y el queso en daditos.

Condimentar con la sal, la pimienta y la nuez moscada, a gusto. Mezclar bien. Reservar.

4. Disponer las rodajas de zapallito cocidas sobre la superficie de la masa cruda, cubriendo totalmente el fondo.

5. Verter la preparación de queso, verduras y huevos sobre los zapallitos.

6. Espolvorear la superficie de la tarta con el queso rallado salpicar con los trocitos de manteca.

7. Cocinar la tarta en el piso del horno, a fuego fuerte, durante aproximadamente 6 o 7 minutos.

8. Continuar la cocción en el estante central del horno, a fuego medio durante aproximadamente 35 minutos.

9. Una vez que esté cocida, con el relleno firme, gratinar en horno bien caliente.

Tarta de espinacas

 Fácil 30 minutos 40 a 45 minutos 8 porciones

Ingredientes

Masa básica crocante salada,
  cantidad necesaria
Acelga, cocida, escurrida y picada
  1 y ½ paquetes
Cebolla, picada, 1
Huevos batidos, 3
Queso rallado, 3 cucharadas
Ajo picado, 2 dientes
Champiñones fileteados, 150 gramos
Sal, pimienta y nuez moscada,
  a gusto
Queso crema, ½ taza
Aceite, 4 cucharadas
Manteca, cantidad necesaria
  (para el molde)
Harina, cantidad necesaria
  (para el molde)

Preparación

1. Forrar una tartera, desmontable, previamente enmantecada y enharinada, con la masa básica crocante salada. Pinchar completamente y cocinar a blanco en horno fuerte.

2. Calentar el aceite en una sartén y saltear la cebolla picada, el ajo picado y los champiñones fileteados. Colocar en un bol y dejar enfriar.

3. Agregar al bol la acelga cocida previamente escurrida y picada, el queso crema y el queso rallado. Condimentar con sal, pimienta y nuez moscada. Mezclar.

4. Ligar los ingredientes con los huevos batidos.

5. Verter la preparación de verdura sobre la tarta cocida a blanco.

6. Terminar la cocción en horno mediano hasta que el relleno esté firme y la superficie ligeramente dorada.

Tarta de panceta, cebolla y champiñones

 Fácil 30 minutos 35 a 40 minutos 8 porciones

Ingredientes

Masa paté brisée, 1 receta
 (ver recetas básicas)
Crema de leche, 200 gramos
Cebollas grandes, 3
Huevos, 3
Champiñones frescos, 500 gramos
Manteca, 70 gramos
Panceta ahumada cortada en tiritas,
 200 gramos
Sal y pimienta, a gusto

Preparación

1. Una vez forrada la tartera con la masa brisée, cocinar hasta que esté seca, pero sin que llegue a dorarse (antes de cocinarla, pinchar con un tenedor o trinche la base de la masa).
2. Lavar y filetear los champiñones.
3. Picar la cebolla en pequeños trozos.
4. Derretir la manteca en una sartén.

5. Añadir la cebolla y cocinar a fuego lento hasta que esté transparente. Retirar. Reservar.
6. Calentar una sartén y, una vez que alcance buena temperatura, agregar la panceta cortada en tiritas y saltear unos instantes.
7. Una vez que la panceta haya soltado parte de su grasa, añadir los champiñones y saltear junto con la panceta hasta que los champiñones estén tiernos y ambos ingredientes hayan tomado color dorado.
8. Mezclar la cebolla cocida con la panceta y los champiñones salteados.
9. Cubrir el piso de la tarta con el relleno.
10. Mezclar los huevos con la crema de leche. Sazonar.
11. Verter la mezcla sobre el relleno de la tarta en forma pareja.
12. Llevar la tarta a horno mediano hasta que el relleno tome firmeza y la masa esté bien dorada.

Tarta de espinacas, muzzarella y ajo

 Fácil  40 minutos 40 a 45 minutos 8 porciones

Ingredientes

*Masa paté brisée, 1 receta
(ver recetas básicas)
Espinaca cocida bien escurrida y
picada, 2 tazas
Muzzarella cortada en pequeños
cubos, 150 gramos
Aceite, 2 cucharadas
Ajo picado, 3 dientes
Huevos, 1
Crema de leche, ½ taza
Queso rallado, 3 cucharadas
Sal, pimienta y nuez moscada, a gusto
Pimienta negra recién molida, a gusto*

Preparación

1. Forrar el molde con la masa brisée. Pinchar la masa con un tenedor y llevar al horno hasta que esté seca y levemente dorada. Retirar del horno. Reservar.
2. Calentar el aceite en una sartén.
3. Rehogar el ajo picado unos instantes en el aceite a fuego mínimo sin dejar que tomen color.
4. Mezclar la espinaca cocida escurrida y picada con el ajo rehogado y el huevo. Sazonar.
5. Colocar el relleno en base de la tarta y distribuirlo uniformemente.
6. Cubrir el relleno con la muzzarella cortada en cubos.
7. Mezclar la crema de leche con el queso rallado y verter por encima de la muzzarella en forma equitativa.
8. Espolvorear con sal, pimienta molida y nuez moscada.
9. Llevar al horno hasta que la muzzarella se derrita, la superficie se gratine y la masa de la tarta tome un color dorado.

Tarta de choclo

 Fácil 50 minutos 40 a 45 minutos 8 porciones

Ingredientes

Masa salada crocante, 1 receta
(ver recetas básicas)
Cebolla picada bien fina, 1 chica
Manteca, 50 gramos
Harina, 25 gramos
Yemas, 2
Diente de ajo picado, 1
Claras a nieve, 2
Leche, ¾ de taza
Choclos cocidos desgranados y
picados, 1 y ¾ tazas
Queso de máquina en fetas,
cantidad necesaria
Sal pimienta y nuez moscada, a gusto

Preparación

1. Cubrir la tartera con la masa crocante.
2. Recortar los sobrantes de masa de los bordes con un cuchillo filoso y pinchar la masa con un tenedor.
3. Cocinar la tarta hasta que esté seca y apenas dorada. Retirar del fuego. Reservar.

4. Poner a calentar la manteca en una sartén.
5. Rehogar la cebolla y el ajo picado en la manteca.
6. Añadir la harina de golpe y revolver con batidor de alambre hasta lograr una crema.
7. Añadir la leche fría de golpe y revolver hasta obtener una salsa blanca bien espesa.
8. Sazonar con pimienta, sal y nuez moscada. Retirar del fuego.
9. Añadir las yemas, el choclo picado a la salsa blanca y revolver bien.
10. Colocar la preparación en un bol.
11. Batir las claras a punto nieve.
12. Incorporar las claras mezclándolas suavemente con el relleno de salsa blanca.
13. Colocar la preparación sobre la tarta precocida.
14. Cubrir el relleno con el queso de máquina en fetas.
15. Espolvorear con nuez moscada y la pimienta negra recién molida.
16. Llevar al horno hasta que la masa esté bien dorada y el relleno, firme.
17. Terminar de gratinar en la base del horno.

Tarta gratinada de brócoli y coliflor

 Fácil   45 minutos   40 a 45 minutos   8 porciones

Ingredientes

Masa básica crocante salada para tarta, 1 (ver recetas básicas)
Ramitos de brócoli, hervidos, 1 taza
Ramitos de coliflor, hervidos, 1 taza
Perejil, picado, 1 cucharada
Cebollas de verdeo picadas, 2
Dientes de ajo picados, 2
Salsa blanca liviana, 1 y ½ tazas
Queso de rallar, 3 cucharadas
Sal, pimienta y nuez moscada, a gusto
Manteca en trocitos, cantidad necesaria
Aceite, cantidad necesaria (para rehogar)
Harina, cantidad necesaria (para la tartera)

Preparación

1. Forrar una tartera enmantecada y enharinada con la masa. Pinchar completamente con un tenedor. Cocinarla en horno caliente, pero sin que se dore.

2. Colocar los ramitos de brócoli y coliflor cocidos en un bol.

3. Aparte rehogar en el aceite las cebollas de verdeo y el ajo picados, hasta que estén transparentes.

4. Una vez rehogados, añadir la cebolla y el ajo al bol que contiene las verduras cocidas, junto con el perejil picado y la salsa blanca liviana.

5. Condimentar con sal, pimienta y nuez moscada a gusto. Mezclar bien.

6. Verter la mezcla sobre la masa precocida, cubriendo uniformemente.

7. Espolvorear la superficie de la tarta con el queso rallado y salpicar con los trocitos de manteca.

8. Gratinar en horno bien caliente.

Tarta de alcauciles a los cuatro quesos

 Fácil 45 minutos 30 a 40 minutos 6 a 8 porciones

Ingredientes

Masa básica para tarta a elección,
  cantidad necesaria
  (ver recetas básicas)
Corazones de alcauciles, hervidos, 7
Cebolla picada, 1
Queso mar del plata, rallado grueso,
  ¾ de tazas
Queso gruyére, rallado grueso,
  ¾ de taza
Queso fresco, cortado en cuadraditos,
  ¾ de taza
Queso de rallar, 3 cucharadas
Manteca, 2 cucharadas (y cantidad
  adicional para enmantecar)
Huevos ligeramente batidos, 3
Sal, pimienta y nuez moscada, a gusto
Harina, cantidad necesaria
  (para tartera)

Preparación

1. Forrar una tartera enmantecada y enharinada con la masa. Pinchar con un tenedor. Darle un golpe de horno para secarla. Reservar.

2. Rehogar, en las dos cucharadas de manteca la cebolla picada, hasta que esté transparente.

3. Una vez rehogada, colocarla en un bol.

4. Picar los corazones de alcauciles cocidos.

5. Añadirlos al bol que contiene la cebolla, junto con el queso mar del plata, el gruyére, los cuadraditos de queso fresco y las tres cucharadas de queso rallado.

6. Ligar estos ingredientes con los huevos batidos.

7. Condimentar con sal, pimienta y nuez moscada a gusto. Mezclar bien.

8. Verter la mezcla sobre la tartera forrada cubriéndola en su totalidad y en forma uniforme.

9. Colocar la tarta en el piso del horno bien caliente durante 8 minutos aproximadamente.

10. Traspasar la tarta al estante central del horno y seguir la cocción en horno moderado hasta que esté cocida y la superficie dorada.

Tarta de berenjenas a la crema

 Fácil   40 minutos   40 a 45 minutos   8 porciones

Ingredientes

*Masa para tarta hojaldrada o
crocante (ver recetas básicas),
cantidad necesaria
Berenjenas, 5
Cebolla, chica, picada, 1
Cebollas de verdeo picadas, 2
Morrón rojo, picado, 1 taza
Queso de rallar, 2 cucharadas
Manteca, 2 cucharadas (y cantidad
extra para enmantecar)
Crema de leche, 200 gramos
Huevos, ligeramente batidos, 2
Sal y pimienta, a gusto
Harina, cantidad necesaria
(para la tartera)*

Preparación

1. Forrar una tartera enmantecada y enharinada con la masa. Pinchar completamente con un tenedor. Cocinar "a blanco". Reservar.

2. Pelar las berenjenas, cortarlas en cubitos y hervirlas hasta que estén cocidas, pero no demasiado blandas.
3. Retirar del fuego y escurrirlas. Colocarlas en un bol.
4. Aparte rehogar en las dos cucharadas de manteca, la cebolla, las cebollas de verdeo y el morrón rojo picado.
5. Una vez rehogados, escurrir y añadir al bol de las berenjenas.
6. Incorporar los huevos batidos y mezclar suavemente.
7. Condimentar con sal y pimienta a gusto.
8. Rellenar la tarta con la preparación.
9. Espolvorear la superficie con el queso rallado.
10. Colocar la tarta en el piso del horno, bien caliente, durante 6 minutos aproximadamente.
11. Luego continuar la cocción en horno moderado colocando la tarta en el estante central hasta que la tarta esté cocida y la superficie dorada.

Tarta colorida

 Fácil 60 minutos 40 a 45 minutos 8 porciones

Ingredientes

Masa básica para tarta a gusto
(ver recetas básicas),
cantidad necesaria
Zapallitos cocidos,
cortados en cubitos, 2
Cebollas de verdeo picadas, 2
Dientes de ajo picados, 1
Zanahoria rallada, ½ taza
Granos de choclo, cocidos, 1 taza
Morrón rojo, picado, 1
Queso de rallar, 3 cucharadas
Manteca, 3 cucharadas
(y cantidad extra para enmantecar)
Huevos, batidos, 4
Sal y pimienta, a gusto
Harina, cantidad necesaria
(para la tartera)

Preparación

1. Forrar una tartera enmantecada y enharinada con la masa. Pinchar completamente con un tenedor y cocinar "a blanco". Reservar.
2. Rehogar en las tres cucharadas de manteca, la cebolla de verdeo, los dientes de ajo, el morrón rojo picado y la zanahoria rallada.
3. Una vez rehogados, agregar los granos de choclo y los zapallitos en cubitos. Mezclar sobre fuego suave durante 1 minuto para quitarles el exceso de líquido.
4. Retirar y colocar en un bol. Dejar enfriar.
5. Una vez frías las verduras, añadirles los huevos batidos y el queso rallado.
6. Condimentar con sal y pimienta a gusto y rellenar la tarta con esta preparación.
8. Cocinar en horno moderado hasta que la superficie se dore.

Tarta de cebolla y queso

 Fácil 30 minutos 40 a 45 minutos 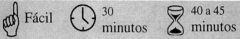 8 porciones

Ingredientes

Masa para tarta crocante salada
(ver recetas básicas),
cantidad necesaria
Cebollas cortadas en aros, 4
Cebollas de verdeo, picadas, 2
Perejil, picado, 1 cucharada
Dientes de ajo picados, 1
Queso fresco, cortado en cubitos,
2 tazas
Queso de máquina, picado, 1 taza
Queso crema, 3 cucharadas
Huevos batidos, 4
Sal, pimienta y nuez moscada, a gusto
Orégano, a gusto
Manteca, 50 gramos
(y cantidad extra para enmantecar)
Harina, cantidad necesaria
(para la tartera)

Preparación

1. Forrar una tartera enmantecada y enharinada con la masa. Pinchar completamente con un tenedor. Cocinarla en horno caliente, pero sin que se dore.

2. Rehogar en la manteca los aros de cebolla junto con las cebollas de verdeo y el ajo picados hasta que estén suavemente dorados. Colocar en un bol.

3. Una vez fría la preparación anterior, añadir al bol el perejil picado, los cubitos de queso fresco, el queso de máquina picado, el queso crema y los huevos batidos.

4. Condimentar con sal, pimienta y nuez moscada a gusto. Mezclar bien.

5. Verter la mezcla sobre la masa de la tarta precocida.

6. Espolvorear la superficie de la tarta con orégano, a gusto.

7. Cocinar en horno mediano hasta que la superficie de la tarta se note bien dorada.

Tarta roja de morrón y tomates

 Medianamente fácil   40 minutos   40 a 45 minutos   8 porciones

Ingredientes

Masa hojaldrada para tarta
(ver recetas básicas),
cantidad necesaria
Morrones rojos, picados, 3
Tomates comunes, pelados y picados, 3
Cebolla roja, rallada, 1
Queso gruyére rallado, ½ taza
Huevos batidos, 2
Pan rallado, 3 cucharadas
Azúcar, 1 cucharada
Aceite de olivá, cantidad necesaria
Harina y manteca, cantidad
necesaria (para la tartera)
Sal y pimienta, a gusto
Orégano, 2 cucharaditas

Preparación

1. Forrar una tartera enmantecada y enharinada con la masa hojaldrada. Pinchar completamente con un tenedor.
2. Cubrir apenas el fondo de una sartén con aceite de oliva. Rehogar en él la cebolla rallada.

3. Una vez rehogada la cebolla, agregar el tomate pelado y picado, el morrón picado y el azúcar. Dejar la preparación a fuego corona hasta que el morrón esté tierno y la preparación haya espesado un poco.
4. Colocar en un bol y dejar enfriar.
5. Una vez fría la preparación de tomate y morrón, añadir al bol los huevos batidos, el queso gruyére rallado y el orégano. Mezclar.
6. Condimentar con sal, pimienta a gusto. Mezclar bien.
7. Espolvorear la tartera forrada con la masa con las tres cucharadas de pan rallado.
8. Verter la preparación en la tartera espolvoreada cubriéndola en su totalidad y en forma uniforme.
9. Colocar la tarta en el piso del horno, bien caliente, durante 8 minutos, aproximadamente para dorar el fondo de la misma.
10. Traspasar la tarta al estante central del horno y seguir la cocción en horno moderado hasta que esté cocida y firme.

Tarta napolitana

 Fácil 40 minutos 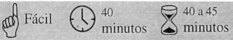 40 a 45 minutos 8 porciones

Ingredientes

Masa para tarta (ver recetas básicas),
cantidad necesaria
Tomates, pelados y cortados en cubitos,
300 gramos
Muzzarella, en cubitos, 300 gramos
Cebollas de verdeo, picadas, 2
Dientes de ajo picados, 2
Albahaca fresca, picada,
2 o 3 cucharadas y cantidad extra
Aceite de oliva, 4 cucharadas
Huevos batidos, 3
Tomate cortado en rodajas finas, 1
Sal y pimienta, a gusto
Manteca, necesaria (para enmantecar)
Harina, cantidad necesaria (para la tartera)

Preparación

1. Forrar una tartera enmantecada y enharinada, con la masa. Pinchar con un tenedor. Cocinar en horno caliente, sin que se dore.
2. Rehogar, en el aceite de oliva, las cebollas de verdeo y el ajo picados, hasta que estén suavemente dorados. Colocar en un bol.
3. Una vez fría la preparación anterior, añadir la albahaca picada, los cubitos de muzzarella y los huevos batidos al bol.
4. Salpimentar a gusto. Mezclar bien.
5. Verter la mezcla sobre la masa de la tarta precocida.
6. Cubrir con las rodajas de tomate. Espolvorear con albahaca picada en fino.
7. Cocinar en horno mediano.

Tarta de champiñones y espárragos

 Fácil 50 minutos 40 a 45 minutos 8 porciones

Ingredientes

Masa crocante para tarta (ver recetas
básicas), cantidad necesaria
Champiñones fileteados, 300 gramos
Espárragos, cocidos y cortados en
trocitos (la parte blanda), 2 atados
Cebolla picada, 1

Queso de rallar, 3 cucharadas
Manteca, 3 cucharadas (y cantidad
extra para enmantecar)
Crema de leche, 200 gramos
Huevos ligeramente batidos, 2
Sal y pimienta, a gusto
Harina, cantidad necesaria
(para la tartera)

Preparación

1. Forrar una tartera enmantecada y enharinada con la masa. Pinchar completamente con un tenedor.
2. Rehogar la cebolla picada junto con los champiñones fileteados en las tres cucharadas de manteca.
3. Colocarlos en un bol junto con los espárragos cocidos, dos cucharadas del queso rallado y la crema de leche.

4. Añadir los huevos batidos y mezclar bien.
5. Condimentar con sal y pimienta.
6. Rellenar la tarta con esta preparación.
7. Espolvorear la superficie con la cucharada de queso rallado restante.
8. Colocar la tarta en el piso del horno, bien caliente, durante 8 minutos aproximadamente.
9. Luego continuar la cocción en horno moderado colocando la tarta en el estante central hasta que esté cocida.

Tarta de zucchini, panceta y cebolla

 Fácil 40 minutos 40 a 45 minutos 8 porciones

Ingredientes

Paté brisée (sin huevo), 1 receta
Zucchini, 1 kilo
Queso rallado, 1 taza
Huevos, 4
Panceta ahumada picada gruesa,
*   200 gramos*
Cebolla cortada en aros, 2
Manteca, 60 gramos
Queso crema, 3 cucharadas
Sal, a gusto
Nuez moscada y pimienta recién
*   molida, a gusto*

Preparación

1. Forrar la tartera con la masa brisée.
2. Pinchar la superficie de la masa con un tenedor.
3. Llevar la masa al horno hasta que esté apenas seca, sin que llegue a dorarse.
4. Lavar los zucchini y cortarlos en rodajas de no más de ½ cm.
5. Poner a calentar una sartén con la manteca.
6. Saltear los zucchini hasta dorarlos (a fuego fuerte). Reservar.
7. Poner a calentar una sartén.
8. Colocar la panceta ahumada y, una vez que libere parte de su grasa, añadir la cebolla en aros.
9. Cocinar hasta que la panceta esté crocante y la cebolla bien dorada.
10. En un bol grande, colocar los zucchini salteados junto con la panceta, la cebolla, los huevos, el queso rallado y el queso crema.
11. Unir bien los ingredientes. Sazonar.
12. Verter el relleno en la tartera y distribuir en forma pareja.
13. Espolvorear la superficie de la tarta con nuez moscada y pimienta.
14. Llevar a horno caliente hasta que el relleno esté bien firme y la masa seca y dorada.

Tarta de espárragos, jamón y queso

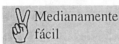 Medianamente fácil　　 60 minutos　　 40 a 45 minutos　　 8 a 10 porciones

Ingredientes

Masa de hojaldre, o tipo hojaldre
(ver recetas básicas),
cantidad necesaria
Espárragos limpios, cocidos y
escurridos, 3 atados
Queso de rallar, 3 cucharadas y
cantidad extra
Jamón cocido, 150 gramos
Queso de máquina picado, 150 gramos
Huevos ligeramente batidos, 3
Crema de leche, 200 gramos
Cebolla picada, 1
Aceite, 2 cucharadas
Sal, pimienta y nuez moscada, a gusto
Manteca y harina, cantidad
necesaria para molde

Preparación

1. Enmantecar y enharinar un molde desmontable para tarta.

2. Luego forrarlo con la masa básica de hojaldre elegida. Pinchar completamente. Recortar los excedentes de los bordes y reservar en la heladera en crudo.

3. Rehogar la cebolla picada en las dos cucharadas de aceite. Retirar del fuego y colocar en un bol.

4. Unir al bol que contiene las cebollas picadas y salteadas, las tres cucharadas de queso rallado y el queso de máquina picado. Condimentar con sal, pimienta y nuez moscada a gusto. Mezclar bien. Reservar.

5. Batir la crema de leche hasta que se espese. Reservar.

6. Retirar la tarta cruda de la heladera, y forrar el fondo con las láminas de jamón cocido, cubriendo totalmente el mismo en forma pareja.

7. Acomodar los espárragos cocidos (bien sequitos), formando con ellos una capa sobre el jamón cocido.

8. Bañar toda la superficie de los espárragos con la preparación de huevos batidos y queso.

9. Para finalizar el armado de la tarta, cubrir la superficie con la crema de leche y espolvorearla con queso rallado, a gusto.

10. Llevar al horno hasta que el relleno se note firme y la superficie ligeramente dorada.

Tarta de espinaca, jamón y champiñones

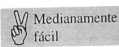 Medianamente fácil 60 minutos 40 a 45 minutos 8 porciones

Ingredientes

Masa hojaldrada para tarta o paté
  brissé (ver recetas básicas),
  cantidad necesaria
Ricota, 250 gramos
Espinaca, cocida y picada, 2 tazas
Jamón cocido, cortado en daditos,
  150 gramos
Champiñones, fileteados, 150 gramos
Cebollas picadas, 1
Queso de rallar, 3 cucharadas
Manteca, 3 cucharadas (y cantidad
  extra para enmantecar)
Huevos batidos, 4
Sal, pimienta y nuez moscada, a gusto
Harina, cantidad necesaria
  (para la tartera)

Preparación

1. Forrar una tartera enmantecada y enharinada, con la masa. Pinchar completamente con un tenedor.

2. Rehogar la cebolla picada junto con los champiñones fileteados en la manteca.

3. Cuando la cebolla esté transparente, agregar los daditos de jamón y revolver con una cuchara de madera durante un minuto aproximadamente.

4. Luego colocar la cebolla y el jamón en un bol y agregarle la ricota, la espinaca picada (previamente escurrida) y el queso de rallar.

5. Condimentar con sal, pimienta y nuez moscada a gusto.

6. Ligar los ingredientes con los huevos batidos. Mezclar bien.

7. Rellenar la tarta con esta preparación.

8. Colocar la tarta en el piso del horno, bien caliente, durante 8 minutos aproximadamente.

9. Luego continuar la cocción en horno moderado colocando la tarta en el estante central hasta que esté bien cocida.

Tarta de zanahorias

 Fácil 60 minutos 40 a 45 minutos 8 porciones

Ingredientes

Masa para tarta a elección
(ver recetas básicas),
cantidad necesaria
Zanahorias, cocidas y procesadas,
2 tazas
Queso crema, 1 taza
Albahaca fresca, picada,
2 cucharadas
Cebollas de verdeo, picadas, 2
Diente de ajo picado, 1
Huevos batidos, 2
Sal y pimienta, a gusto
Manteca, 2 cucharadas (y cantidad
necesaria para enmantecar)
Harina, cantidad necesaria
(para la tartera)

Preparación

1. Forrar una tartera enmantecada y enharinada con la masa. Pinchar completamente con un tenedor. Cocinarla "a blanco" y reservar.
2. Derretir la manteca en una sartén y rehogar en ella la cebolla de verdeo y el ajo picado. Colocar en un bol y dejar enfriar.
3. Añadir el puré de zanahorias, el queso crema y la albahaca picada al bol.
4. Sazonar con sal y pimienta a gusto. Mezclar bien.
5. Ligar la preparación con los huevos batidos.
6. Rellenar la tarta precocida con esta preparación.
7. Cocinar en horno mediano.

Tarta de cebollas y puerros

 Medianamente fácil 60 minutos 40 a 45 minutos 8 porciones

Ingredientes

Masa para tarta a elección (ver
recetas básicas), cantidad necesaria
Cebollas de verdeo, picadas, 2
Cebollas picadas, 500 gramos
Salsa blanca espesa, 1 taza

Puerros, limpios y cortados en finas
rodajas, ½ kilo
Aceite, 4 cucharadas
Huevos ligeramente batidos, 3
Sal y pimienta, a gusto
Manteca y harina, cantidad
necesaria para el molde

Preparación

1. Forrar una tartera desmontable previamente enmantecada y enharinada, con la masa. Pinchar completamente. Recortar los excedentes de los bordes y reservar en la heladera en crudo.
2. Rehogar en el aceite caliente las rodajas de puerros, las cebollas picadas y las cebollas de verdeo picadas hasta que se tornen transparentes. Escurrir y colocar en un bol. Reservar.

3. Añadir los huevos batidos, la salsa blanca, sal y pimienta a gusto al bol. Mezclar bien.
4. Retirar la tartera forrada en crudo de la heladera y verter sobre ella la preparación anterior de cebollas y puerros.
5. Cocinar en horno mediano hasta que el relleno esté firme y la superficie dorada aproximadamente durante 40 minutos.
6. Dejar entibiar antes de desmoldar.

Tarta de chauchas

 Compleja 1 y ½ horas 40 a 45 minutos 8 porciones

Ingredientes

Masa crocante salada (ver recetas básicas), cantidad necesaria
Chauchas cocidas, sin puntas ni filamentos, 300 gramos
Zanahorias ralladas, 2
Cebolla, picada, 1
Ajo, picado, 1 diente
Salsa de tomates, espesa, 1 taza
Crema batida espesa, 1 taza
Huevos, 3
Queso rallado, 3 cucharadas
Aceite, 2 cucharadas
Azúcar, 1 cucharada
Sal y pimienta, a gusto
Manteca y harina, cantidad necesaria para el molde

Preparación

1. Forrar una tartera desmontable, enmantecada y enharinada, con la masa básica crocante salada. Cocinar a blanco. Dejar enfriar y reservar.
2. Cortar las chauchas en juliana.
3. Aparte saltear en el aceite caliente la cebolla y el ajo picados y la zanahoria rallada. Reservar.
4. Colocar las chauchas cocidas y posteriormente cortadas en juliana junto con las demás verduras salteadas en un bol.
5. Añadir los huevos batidos y el queso rallado. Condimentar con sal y pimienta. Mezclar bien.
6. Aparte, colocar la salsa de tomates

en una cacerolita junto con el azúcar, una pizca de sal y la crema de leche. Revolver a fuego moderado alrededor de 2 minutos. Retirar del fuego y dejar que la preparación se entibie.

7. Rellenar la tarta precocida con la preparación de las chauchas, huevos y verduras, de modo que cubra el fondo de manera uniforme.

8. Cubrir las verduras con las láminas de queso de máquina y verter sobre esta capa de queso la salsa crema de tomates.

9. Cocinar en horno moderado hasta que esté firme. Retirar y dejar entibiar.

Torta de choclo y calabaza

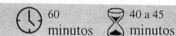 Fácil 60 minutos — 40 a 45 minutos — 8 porciones

Ingredientes

Masa para tarta (ver recetas básicas)
2 discos
Choclo cremoso, 1 lata
Choclo amarillo, en granos, 1 lata
Queso crema, ½ taza
Perejil picado, 1 cucharada
Huevos batidos, 3
Cebollas picadas, 1
Azúcar, 1 cucharada
Sal y pimienta, a gusto
Nuez moscada, a gusto
Manteca, 2 cucharadas
(y cantidad extra para enmantecar)
Harina, cantidad necesaria
(para la tartera)

Preparación

1. Forrar una tartera enmantecada y enharinada con la masa. Pinchar completamente con un tenedor. Cocinarla "a blanco" en horno caliente.

2. Rehogar la cebolla picada en la manteca hasta dorar.

3. Escurrir el excedente de aceite y agregar en la misma sartén donde está la cebolla, las dos latas de choclo y la cucharada de azúcar. Revolver con cuchara de madera sobre fuego corona durante aproximadamente un minuto.

4. Retirar del fuego. Colocar en un bol y dejar enfriar.

5. Luego añadir el queso crema y el perejil picado.

6. Condimentar con sal, pimienta y nuez moscada a gusto.

7. Ligar los ingredientes con los huevos batidos. Mezclar bien.

8. Rellenar la tarta precocida con esta preparación y tapar con el otro disco de masa.

9. Cocinar en horno mediano hasta que la superficie de la tarta se dore.

44

CAPÍTULO 3

Tartas con queso

Torta de queso y cebollas

 Fácil (sin la masa) 20 minutos 30 minutos 8 porciones

Ingredientes

Masa para pastel salado, 2 discos
Cebollas, 4
Huevos, 3
Aceite, cantidad necesaria
Queso rallado, 200 gramos
Sal y pimienta, a gusto
Nuez moscada, 1 pizca
Panceta, 50 gramos
Queso mantecoso, 200 gramos

Preparación

1. Cortar las cebollas en juliana y rehogarlas en un poco de aceite hasta que estén apenas doradas. Reservar.
2. Mezclar los huevos con el queso rallado, sal, pimienta y nuez moscada en un bol.
3. Ubicar las lonjas de panceta en una sartén limpia y llevar al fuego hasta que se tornen crocantes y quebradizas. Picarlas finamente y añadirlas al batido de huevo y queso.
4. Forrar una tartera con un disco de masa.
5. Ubicar el queso fresco cortado en trocitos sobre la masa.
6. Volcar encima del queso fresco el batido de huevos.
7. Tapar con el otro disco de masa y repulgar los bordes. Hacer incisiones en la superficie con un cuchillo filoso para que salga el vapor.
8. Cocinar en horno moderado hasta dorar.

Tarta cuatro quesos

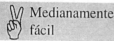 Medianamente fácil   (sin la masa) 35 minutos   30 a 40 minutos 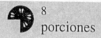 8 porciones

Ingredientes

Masa salada crocante (ver recetas básicas), cantidad necesaria
Queso mantecoso cortado en cubitos, 100 gramos
Queso tipo pategrás rallado, 100 gramos
Queso roquefort, 50 gramos
Muzzarella rallada, 100 gramos
Crema de leche, 1 pocillo de café
Huevos, 4
Orégano, 1 cucharadita
Sal y pimienta, a gusto

Preparación

1. Forrar la tartera con la masa.
2. Pinchar la masa con un tenedor y cocinar en horno mediano hasta que esté seca, pero sin que llegue a dorarse. Retirar. Reservar.
3. Colocar en una cacerola bien resistente el queso mantecoso, la mitad del queso pategrás rallado, la muzzarella rallada y el roquefort.
4. Añadir la crema de leche y poner a calentar a fuego corona mezclando continuamente con cuchara de madera hasta que los quesos se fundan entre sí.
5. Retirar del fuego y dejar entibiar. Sazonar.
6. Añadir los huevos, mezclar bien y verter en la tartera.
7. Espolvorear con el resto del queso pategrás y finalmente con el orégano.
8. Llevar a horno moderado hasta que el relleno esté bien firme y la masa dorada y crocante.

Tarta de champiñones y queso

 Fácil   (sin la masa) 30 minutos   30 a 40 minutos   8 porciones

Ingredientes

Masa salada crocante, 1 receta (ver recetas básicas)
Champiñones frescos, 300 gramos
Jamón cocido 250 gramos
Cebolla chica picada fina, 1
Manteca, 30 gramos

Queso fresco, 200 gramos
Muzzarella rallada gruesa, ½ taza
Queso rallado bien fino, 4 cucharadas
Huevos, 3
Crema de leche, 2 pocillos de café
Sal y pimienta, a gusto

Preparación

1. Forrar una tartera con la masa. Cocinar hasta que esté apenas seca y levemente dorada. Retirar del fuego y reservar.
2. Lavar y cortar los champiñones en julianas gruesas.
3. Poner a calentar una sartén con la manteca y rehogar los champiñones junto con la cebolla hasta que estén tiernos y la cebolla transparente.
4. Cortar el queso fresco en cubitos.
5. Espolvorear la base de la tarta precocida con la mitad del queso rallado.

6. En un bol mezclar el queso fresco con los huevos, la muzzarella rallada y los champiñones rehogados con la cebolla. Sazonar.
7. Verter en el interior de la tarta y esparcir el relleno.
8. Cortar el jamón en pequeñas cintas.
9. Mezclar la crema de leche con el jamón. y verter el relleno de champiñones.
10. Espolvorear con el queso restante.
11. Llevar a horno moderado hasta que el relleno esté bien firme la masa alcance color dorado.
12. Terminar la cocción con un gratinado superior.

Tarta de tomate, queso y albahaca

 Fácil   (sin la masa) 20 minutos   35 a 40 minutos   8 porciones

Ingredientes

Masa paté brisée (ver recetas
  básicas), cantidad necesaria
Queso cheddar rallado, 150 gramos
Muzzarella rallada, 150 gramos
Albahaca picada fresca, 3 cucharadas
Huevos batidos, 4
Queso rallado fino, ½ taza
Crema de leche, ½ taza
Tomates pelados bien carnosos, 3
Ajo picado, 1 diente
Aceite de oliva, 3 cucharadas
Sal y pimienta a gusto

Preparación

1. Forrar la tartera con la masa brisée y pincharla con un tenedor.

2. Cocinar la masa hasta que esté apenas seca. Retirar del horno. Reservar.
3. En un bol mezclar el queso cheddar rallado junto con la muzzarella rallada, la crema de leche y los huevos batidos. Sazonar.
4. Rellenar la tarta con la mezcla.
5. Cortar los tomates en finas rodajas. Sacarles las semillas y el jugo.
6. Picar finamente el ajo y machacar con la albahaca picada y el aceite de oliva.
7. Condimentar las rodajas de tomate con esta preparación.
8. Cubrir el relleno de queso con las rodajas de tomate.
9. Espolvorear las rodajas de tomate con el queso rallado fino.
10. Llevar a horno caliente unos 40 minutos aproximadamente hasta que el relleno esté firme y la masa bien dorada.

Tarta de queso, jamón crudo y tomates cherry

 Fácil (sin la masa) 30 minutos 30 a 40 minutos 8 porciones

Ingredientes

Masa crocante salada
(ver recetas básicas),
cantidad necesaria
Jamón crudo, 200 gramos
Tomates cherry cortados en cuartos,
1 y ½ tazas
Queso mantecoso, 150 gramos
Queso pategrás cortado en cubitos,
100 gramos
Crema de leche, ½ taza
Queso rallado fino, 4 cucharadas
Queso parmesano rallado, ½ taza
Albahaca picada, 3 cucharadas
Huevos, 4
Sal y pimienta, a gusto

Preparación

1. Forrar la tartera con la masa crocante salada.
2. Pinchar la masa con un tenedor.
3. Cocinar en el horno hasta que la masa esté seca, pero sin que llegue a dorarse.
4. Picar el jamón crudo en pequeños cubitos.
5. Colocar en un bol el queso mantecoso junto con el pategrás, los huevos y la mitad del jamón crudo. Mezclar. Sazonar.
6. Verter la mezcla dentro de la tartera sobre la masa precocida.
7. Mezclar la crema de leche con el queso rallado fino. Verter sobre el relleno de queso.
8. Espolvorear la tarta con el sobrante de jamón crudo, los tomates cherry en cuartos y por último el queso parmesano rallado y la albahaca picada.
9. Cocinar en horno moderado hasta que el relleno esté bien firme y la masa dorada.

Tarta de queso y anchoas

 Fácil (sin la masa) 30 minutos 30 a 40 minutos 8 porciones

Ingredientes

Masa crocante salada bien finita (ver recetas básicas), cantidad necesaria
Anchoas en aceite, bien limpios y picados, 10 filetes
Queso roquefort, 50 gramos
Muzzarella rallada, 100 gramos
Queso gruyére rallado, 50 gramos
Queso crema, 200 gramos
Huevos batidos, 3
Morrón rojo picado, 1
Cebollas ralladas, 1
Aceitunas negras descarozadas y picadas, 7
Ají molido, 1 cucharadita
Orégano, a gusto
Dientes de ajo picados, 2
Aceite, 3 cucharadas
Aceite de oliva, a gusto
Sal y pimienta, a gusto
Manteca y harina, cantidad necesaria para tartera
Optativo: tiritas de morrón en juliana y mitades de aceitunas negras descarozadas, para decorar la superficie de la tarta.

Preparación

1. Forrar una tartera desmontable, enmantecada y enharinada con la masa básica crocante salada. Cocinar a blanco. Dejar enfriar y reservar.

2. Calentar las tres cucharadas de aceite en una sartén sobre fuego fuerte. Saltear la cebolla rallada, los dientes de ajo picados y el morrón rojo picado. Retirar del fuego, colocar en un bol y reservar.

3. Una vez tibias las verduras salteadas, añadir en el mismo bol el queso gruyére rallado, la muzzarella rallada y las aceitunas negras picadas.

4. Ligar los ingredientes anteriores con los huevos batidos. Condimentar con el ají molido, la sal y la pimienta. Mezclar bien.

5. En otro bol, pisar con un tenedor el roquefort junto con el queso crema hasta lograr una pasta lisa.

6. Untar con la pasta de roquefort el fondo de la tarta precocida en forma uniforme. Ubicar los filetes de anchoas picados encima del relleno de roquefort.

7. Inmediatamente, verter la preparación de huevos reservada cubriendo por completo la superficie.

8. Rociar la superficie de la tarta con aceite de oliva a gusto y espolvorear, de igual modo con orégano.

9. Cocinar en horno moderado hasta que la tarta esté firme y dorada.

10. Optativo: al retirar la tarta del horno, decorar la superficie con julianas de morrón rojo y mitades de aceitunas negras descarozadas.

Tarta de queso y hierbas aromáticas

 Medianamente fácil   (sin la masa) 40 minutos   30 a 40 minutos   8 porciones

Ingredientes

Masa tipo hojaldre (ver recetas básicas), cantidad necesaria
Salvia picada, ¼ cucharada
Albahaca fresca picada, ½ cucharada
Orégano fresco picado fino, 1 cucharada
Estragón fresco picado, ½ cucharadita
Crema de leche, ½ taza
Tomillo fresco, ½ cucharadita
Aceite de oliva, 1 cucharada
Queso mantecoso cortado en cubitos, 100 gramos
Queso tipo pategrás rallado, 100 gramos
Muzzarella en cubos, 100 gramos
Manteca derretida, 50 gramos
Queso rallado, ½ taza
Huevos, 4
Sal y pimienta, a gusto

Preparación

1. Forrar la tartera con la masa hojaldrada. Pinchar la superficie con un tenedor.

2. Llevar a horno moderado hasta que la masa esté apenas seca sin que llegue a dorarse.

3. Colocar en un bol el queso mantecoso, el queso pategrás, la muzzarella en cubos y el aceite de oliva. Mezclar. Sazonar.

4. Batir levemente la crema de leche con los huevos. Verter dentro del bol junto con los quesos.

5. Añadir a la preparación la salvia picada, el estragón picado, el tomillo y la albahaca. Mezclar bien.

6. Verter la preparación en la tartera y distribuir bien el relleno.

7. Espolvorear con el queso rallado.

8. Salpicar con la manteca derretida y el orégano fresco.

9. Llevar al horno caliente hasta que la superficie se gratine y el relleno esté bien firme.

Tarta de apio, roquefort y nueces

 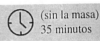
Ingredientes

Masa crocante salada (ver recetas básicas), cantidad necesaria
Apio picado, ¾ de taza
Manteca, 30 gramos
Queso de máquina, 100 gramos
Queso roquefort, 200 gramos
Muzzarella rallada, 200 gramos
Crema de leche, 1 taza
Huevos, 3
Queso rallado, ½ taza
Nueces picadas bien finas, 90 gramos
Sal y pimienta, a gusto

Preparación

1. Forrar la tartera con la masa salada crocante.
2. Pinchar la superficie de la masa y llevar a horno moderado hasta que esté bien seca, pero sin que llegue a dorarse. Retirar. Reservar.
3. Poner a calentar la manteca en una sartén.
4. Rehogar el apio en la manteca. Reservar.
5. En un bol mezclar pisando con un tenedor el queso roquefort junto con la muzzarella rallada, los huevos, la mitad del apio picado y la mitad de las nueces picada. Mezclar y sazonar bien.
6. Cubrir la base de la tarta con el queso rallado.
7. Verter el relleno de roquefort, apio y nueces distribuyéndolo en forma pareja.
8. Cortar las fetas del queso de máquina en juliana y distribuir sobre la superficie de la tarta.
9. Mezcla la crema de leche con el resto del apio y de las nueces.
10. Verter la mezcla cubriendo la superficie de la tarta sobre el queso de máquina.
11. Llevar a horno fuerte hasta que el relleno tome firmeza y la masa esté crocante y dorada.
12. Terminar la cocción gratinando la tarta en la parte inferior del horno de modo que reciba calor desde arriba.

CAPÍTULO 4

Tartas de pollo, carne y jamón

Tarta de pollo y espárragos

 Fácil 40 minutos 35 a 40 minutos 8 porciones

Ingredientes

Masa crocante para tarta, 1 disco
Pollo hervido, sin piel, picado
  finamente, 2 tazas
Mayonesa, 1 taza
Salsa blanca espesa, 1 taza
Queso rallado, 4 cucharadas
Puntas de espárragos cocidas, 2 atados
Clara apenas batida, 1

Preparación

1. Forrar una tartera con la masa, pincharla con tenedor, pincelarla con clara apenas batida y hornearla "a blanco". Reservar.

2. Poner el pollo picado y la mayonesa en un bol. Mezclar y sazonar a gusto.

3. Ubicar el relleno de pollo en el fondo de la tarta precocida.

4. Colocar encima del pollo las puntas de espárragos en forma circular, como si fuesen rayos de una bicicleta.

5. Cubrir los espárragos con una fina capa de salsa blanca espesa.

6. Espolvorear con el queso rallado.

7. Llevar a horno caliente y gratinar. Servir caliente o fría.

Tarta de pollo y hongos

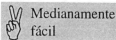 Medianamente fácil 60 minutos 35 a 45 minutos 8 porciones

Ingredientes

*Masa paté brisée (ver recetas
básicas), cantidad necesaria*
Carne de pollo, 350 gramos
Aceite, 3 cucharadas
Hongos secos, 30 gramos
Cebolla de verdeo picada, 1 (chica)
Caldo de pollo, ½ taza
Jamón cocido picado, 100 gramos
Huevos, 3
Ciboulette picado, 3 cucharadas
Queso crema, 1 pote chico
Sal y pimienta, a gusto

Preparación

1. Hidratar los hongos secos en agua durante ½ hora antes de utilizarlos.
2. Forrar una tartera con la masa brisée. Pinchar la superficie de la masa con un tenedor.
3. Llevar al horno hasta que la masa esté seca, pero sin que llegue a dorarse. Retirar del horno. Reservar.

4. Cortar el pollo en cubos lo más pequeños posible.
5. Calentar el aceite en una sartén.
6. Saltear el pollo junto con la cebolla de verdeo en el aceite.
7. Una vez cocidos y dorados ambos ingredientes, verter el caldo de pollo junto con el agua en donde se hidrataron los hongos secos.
8. Dejar reducir por completo todo el líquido. Retirar del fuego y sazonar a gusto.
9. Picar finamente los hongos secos.
10. Colocar en un bol el pollo cocido junto con los hongos picados e hidratados, el queso crema, el jamón cocido picado, los huevos y el ciboulette picado.
11. Mezclar y sazonar bien los ingredientes.
12. Verter el relleno en la tartera y esparcir uniformemente.
13. Cocinar en horno moderado hasta que el relleno esté bien firme y la masa seca y dorada.

Vol au vent de pollo y morrones

 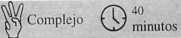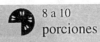
Ingredientes

Masa de hojaldre (ver receta básica),
cantidad necesaria
Supremas de pollo, 3
Aceite, 3 cucharadas
Cebolla grande picada fino, 1
Champiñones frescos, 50 gramos
Dientes de ajo picados fino, 2
Tomates pelados y sin semillas, 3
Caldo de verduras, cantidad necesaria
Vino blanco seco, ½ taza
Morrones verdes, 2
Morrones rojos, 2
Perejil picado, 2 cucharadas

Preparación

1. Recortar dos discos de masa de hojaldre con un plato. Con un plato más pequeño, cortar un círculo interior de masa en uno de los discos. Hornear las tres piezas de hojaldre separadas como se indica en la receta básica de masa de hojaldre.
2. Mojar los ajíes y asarlos sobre una plancha lisa de hierro o directamente al fuego hasta que tengan la piel quemada. Quitarles la piel, retirarles el cabo y la semillas y cortarlos en tiras. Reservar.

3. Aparte cortar las supremas en daditos, sazonarlas con sal y pimienta y cocinarlas en el aceite a fuego moderado hasta que estén apenas doradas y cocidas. Escurrir y reservar si es posible tibio.
4. Poner en la cacerola donde se cocinó el pollo la cebolla y los ajos. Revolver raspando el fondo de la cacerola para que se desprenda el fondo de cocción del pollo. Incorporar los champiñones previamente lavados y fileteados.
5. Añadir los tomates picados, el vino y un chorrito de caldo.
6. Cuando la salsa hierva, añadir el pollo cocido y los morrones. Dejar cocinar un rato. No debe quedar muy seco ni demasiado jugoso. Si hiciera falta, añadir caldo para humedecer.
7. En el momento de llevar a la mesa, colocar el *vol au vent* en una fuente para horno adecuada para servir, rellenarlo con el relleno de pollo y morrones previamente recalentado.
8. Tapar apenas con la tapa de masa y poner unos minutos en horno caliente (el *vol au vent* ya cocido no debe estar demasiado tiempo en el horno), para que todo tome temperatura pareja. Servir enseguida.

Tarta agridulce de jamón y ananá

 Fácil 50 minutos 35 a 40 minutos 8 porciones

Ingredientes

Masa tipo hojaldrada (ver receta básica), cantidad necesaria
Manteca, 2 cucharadas
Echalote picados, 1
Harina, 1 cucharada al ras
Caldo de verdura, 1 taza
Jamón cocido picado, 300 gramos
Queso tipo fontina cortado en pequeños cubitos, 1 taza
Ananá al natural cortado en pequeños trocitos, 1 y ½ tazas
Huevos batidos, 3
Sal y pimienta, a gusto

Preparación

1. Forrar la tartera enmantecada con la masa hojaldrada previamente estirada. Pinchar la superficie de la masa. Secar apenas en el horno.
2. Rehogar el echalote en la manteca.
3. Añadir la harina de golpe y mezclar con un batidor de alambre hasta lograr una pasta homogénea o "roux"
4. Verter el caldo de verduras frío de golpe y seguir revolviendo con el batidor de alambre hasta que la preparación se espese. Retirar.
5. Mezclar la preparación con el jamón cocido picado, el queso fontina, el ananá cortado en pequeños trozos y los huevos previamente batidos. Sazonar.
6. Verter el relleno sobre la tarta de modo uniforme.
7. Cocinar la tarta hasta que el relleno esté firme y la masa se haya dorado.

Tarta de carne y espinaca

 Medianamente fácil 60 minutos 40 a 45 minutos 10 porciones

Ingredientes

Masa para tarta crocante, 1 disco
Carne picada, ½ kilo
Cebolla picada, 1
Ajo finamente picado, 1 diente
Aceite, cantidad necesaria
Espinacas hervidas, exprimidas y picadas, 2 tazas
Leche, 1 taza
Harina, 1 y ½ cucharadas
Queso rallado, 4 cucharadas
Pan rallado, 2 cucharadas
Huevos, 3
Sal y pimienta, a gusto

Preparación

1. Colocar la masa en una tartera, pincharla con tenedor y precocinarla "a blanco". Reservar.

2. Freír la cebolla y el ajo sin que lleguen a dorarse mucho en un poco de aceite. Si es necesario, añadirles un poco de agua.

3. Incorporar la carne picada y mezclar hasta que se note cocida.

4. Añadir las espinacas y cocinar unos minutos más para quitar el exceso de agua.

5. Verter la harina, mezclar bien y añadir la leche de a chorritos, mezclando continuamente.

6. Retirar del fuego, pasar a un bol y añadir los huevos batidos, 3 cucharadas de queso rallado y condimento a gusto.

7. Verter el relleno en la tarta precocida, espolvorear con el resto de queso rallado mezclado con el pan rallado y cocinar en el horno hasta que el relleno esté firme y dorado.

Tarta de carne

 Fácil 40 minutos 35 a 40 minutos 8 porciones

Ingredientes

Masa esponjosa para tarta, 1 disco
Carne picada, ½ kilo
Aceite, 2 cucharadas
Cebolla grande, 1
Morrones rojos, 2 chicos
Huevos batidos, 2
Perejil picado, 2 cucharadas
Ketchup, 2 cucharadas
Sal, pimienta y nuez moscada, a gusto
Zanahorias hervidas y cortadas en rodajas, 2
Queso rallado, 3 cucharadas

Preparación

1. Forrar una tartera con la masa, pincharla con un tenedor y cocinar "a blanco" en el horno, para que quede precocida.

2. Picar finamente la cebolla. Cortar los morrones en cubitos pequeños.

3. Poner el aceite en una sartén y rehogar la cebolla y los morrones añadiendo chorritos de agua si fuese necesario.

4. Cuando las verduras estén tiernas, incorporar la carne picada y mezclar hasta que esté bien cocida.

5. Retirar del fuego, poner en un bol y añadir los huevos batidos, el perejil y el ketchup. Sazonar a gusto.

6. Rellenar la tarta y cocinar en horno caliente hasta que la superficie esté dorada. Dejarla unos minutos más en la base del horno para que la base se torne crocante.

7. Retirar del fuego, ubicar las rodajas de zanahoria formando un círculo alrededor del borde, espolvorear con el queso rallado previamente mezclado con el perejil picado y gratinar unos segundos en la parte de abajo del horno (parrilla).

Tarta de jamón y repollitos de bruselas

Ingredientes

Masa básica "crocante salada"
(ver recetas básicas),
cantidad necesaria
Jamón cocido, cortado en daditos
pequeños, 250·gramos
Repollitos de bruselas, cocidos y
picados, 2 tazas
Salsa blanca espesa, 1 y ½ tazas
Huevos, batidos, 3
Cebolla picada, 1
Aceite, 3 cucharadas
Manteca en tocitos, para gratinar,
cantidad necesaria
(y cantidad extra para molde)
Queso rallado, 2 cucharadas y
cantidad extra
Sal, pimienta y nuez moscada, a gusto
Harina, cantidad necesaria

Preparación

1. Forrar una tartera desmontable, previamente enmantecada y enharinada, con la masa "crocante salada". Cocinar en horno fuerte a blanco. Reservar.

2. Rehogar la cebolla picada en una sartén grande con el aceite caliente, hasta que se torne transparente.

3. Agregar los repollitos picados a la cebolla y saltearlos ligeramente. Retirar del fuego y colocar en un bol.

4. Añadir al bol las dos cucharadas de queso rallado, el jamón cocido en trocitos y la salsa blanca espesa. Condimentar con sal, pimienta y nuez moscada, a gusto.

5. Ligar todos los ingredientes con los huevos batidos.

6. Verter la preparación, rellenando la tarta precocida.

7. Cocinar en horno moderado hasta que el relleno se note firme.

8. Luego, retirar del horno, espolvorear la superficie con queso rallado, y trocitos de manteca a gusto y gratinar en horno bien caliente.

CAPÍTULO 5

Tartas soufflé

Tarta soufflé de queso

 Medianamente fácil

 60 minutos

 45 a 50 minutos

 8 a 10 porciones

Ingredientes

Masa crocante (ver recetas básicas), cantidad necesaria
Salsa blanca espesa, ½ taza
Yemas, 2
Queso rallado, ½ taza
Claras a nieve, 2
Clara apenas batida, cantidad necesaria
Sal, pimienta y nuez moscada, a gusto

Preparación

1. Forrar una tartera profunda con un disco de masa.
2. Pincharla con un tenedor. Pincelar con un poco de clara de huevo.
3. Darle un golpe de horno apenas para secar la masa, cocinándola "a blanco", sin dorar.
4. Aparte batir las yemas en un bol y añadirles la salsa blanca, el queso rallado, la sal, la pimienta y la nuez moscada.
5. Incorporar suavemente las claras a nieve a la preparación anterior, ayudándose con una espátula y haciendo movimientos envolventes para que no se "baje" el batido de claras.
6. Verter la preparación en la tarta precocida y llevar a horno caliente hasta que el soufflé crezca, se dore la superficie, comience a agrietarse y la masa de tarta esté crocante.
7. Servir enseguida sin desmoldar. Todos los soufflé de este tipo deben servirse inmediatamente antes de que se "desinflen" y pierdan forma al enfriarse.

Tarta soufflé de pollo

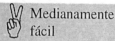 Medianamente fácil   60 minutos   45 a 50 minutos   8 a 10 porciones

Ingredientes

Masa crocante, 1 disco
Salsa blanca espesa, ½ taza
Pollo hervido o asado, sin piel y
* procesado, ¼ de taza*
Yemas, 2
Claras a nieve, 2
Clara apenas batida,
* cantidad necesaria*
Sal, pimienta y nuez moscada, a gusto

Preparación

1. Forrar una tartera profunda con un disco de masa.
2. Pincharla con un tenedor. Pincelar con un poco de clara de huevo.
3. Darle un golpe de horno apenas para secar la masa, cocinándola " a blanco", sin dorar.
4. Aparte batir las yemas en un bol y añadirles la salsa blanca, el pollo procesado, la sal, la pimienta y la nuez moscada.
5. Incorporar suavemente las claras a nieve a la preparación anterior, ayudándose con una espátula y haciendo movimientos envolventes para que no se "baje" el batido de claras.
6. Verter la preparación en la tarta precocida y llevar a horno caliente hasta que el soufflé crezca, se dore la superficie, comience a agrietarse y la masa de tarta esté crocante.
7. Servir enseguida sin desmoldar. Todos los soufflé de este tipo deben servirse inmediatamente, antes de que se "desinflen" y pierdan forma al enfriarse.

Tarta soufflé de coliflor

 Medianamente fácil   60 minutos   45 a 50 minutos   8 a 10 porciones

Ingredientes

Masa crocante, 1 disco
Salsa blanca espesa, ½ taza
Yemas, 2
Coliflor hervido y picado, 1 taza chica

Claras a nieve, 2
Clara apenas batida,
* cantidad necesaria*
Sal, pimienta y nuez moscada,
* a gusto*

Preparación

1. Forrar una tartera profunda con un disco de masa.

2. Pincharla con un tenedor. Pincelar con un poco de clara de huevo.

3. Darle un golpe de horno apenas para secar la masa, cocinándola " a blanco", sin dorar.

4. Aparte batir las yemas en un bol y añadirles la salsa blanca, el coliflor bien escurrido y picado, la sal, la pimienta y la nuez moscada.

5. Incorporar suavemente las claras a nieve a la preparación anterior, ayudándose con una espátula y haciendo movimientos envolventes para que no se "baje" el batido de claras.

6. Verter la preparación en la tarta precocida y llevar a horno caliente hasta que el soufflé crezca, se dore la superficie, comience a agrietarse y la masa de tarta esté crocante.

7. Servir enseguida sin desmoldar. Todos los soufflé de este tipo deben servirse inmediatamente, antes de que se "desinflen" y pierdan forma al enfriarse.

Tarta soufflé de espinaca

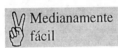 Medianamente fácil   60 minutos   45 a 50 minutos   8 a 10 porciones

Ingredientes

Masa crocante, 1 disco
Salsa blanca espesa, 1 taza
Yemas batidas espesas, 2
Cebolla rallada, 1 cucharada
Queso rallado, 2 cucharadas
Claras a nieve, 2
Espinacas hervidas y picadas, 1 taza
Clara apenas batida, cantidad necesaria
Sal, pimienta y nuez moscada, a gusto

Preparación

1. Forrar una tartera profunda con un disco de masa.

2. Pincharla con un tenedor. Pincelar con un poco de clara de huevo.

3. Darle un golpe de horno apenas para secar la masa, cocinándola "a blanco", sin dorar.

4. Aparte mezclar la salsa blanca con la cebolla, las yemas batidas y el queso rallado Sazonar a gusto.

5. Añadir las espinacas bien escurridas y picadas a la mezcla.

6. Incorporar suavemente las claras a nieve a la preparación anterior, ayudándose con una espátula y haciendo movimientos envolventes para que no se "baje" el batido de claras.

7. Verter la preparación en la tarta precocida y llevar a horno caliente hasta que el soufflé crezca, se dore la superficie, comience a agrietarse y la masa de tarta esté crocante.

8. Servir enseguida sin desmoldar. Todos los soufflé de este tipo deben servirse inmediatamente antes de que se "desinflen" y pierdan forma al enfriarse.

Tarta soufflé de jamón y champiñones

 Medianamente fácil   60 minutos   45 a 50 minutos   8 a 10 porciones

Ingredientes

Masa crocante, 1 disco
Salsa blanca espesa, 1 taza
Yemas, 2
Jamón cocido picado, 100 gramos
Cebolla finamente picada, 1
Aceite, 3 cucharadas
Queso rallado, 2 cucharadas
Champiñones frescos fileteados,
    50 gramos
Claras a nieve, 2
Clara apenas batida,
    cantidad necesaria
Sal, pimienta y nuez moscada,
    a gusto

Preparación

1. Forrar una tartera profunda con un disco de masa.
2. Pincharla con un tenedor. Pincelar con un poco de clara de huevo.
3. Darle un golpe de horno apenas para secar la masa cocinándola "a blanco" sin dorar.
4. Aparte rehogar la cebolla picada y los champiñones fileteados en el aceite. Escurrir y reservar.
5. Mezclar en un bol las yemas, la salsa blanca, el jamón cocido picado, la cebolla, los champiñones, el queso rallado y condimentar a gusto.
6. Incorporar suavemente las claras a nieve a la preparación anterior, ayudándose con una espátula y haciendo movimientos envolventes para que no se "baje" el batido de claras.
7. Verter la preparación en la tarta precocida y llevar a horno caliente hasta que el soufflé crezca, se dore la superficie y comience a agrietarse y la masa de tarta esté crocante.
8. Servir enseguida, sin desmoldar. Todos los soufflé de este tipo deben servirse inmediatamente, antes de que se "desinflen" y pierdan forma al enfriarse.

Tarta soufflé de brócoli

 Medianamente fácil

 60 minutos

 45 a 50 minutos

 8 a 10 porciones

Ingredientes

Masa crocante, 1 disco
Salsa blanca espesa, 1 taza
Yemas, 2
Jamón cocido picado, 100 gramos
Brócoli hervido y picado, 1 taza
Queso rallado, 2 cucharadas
Claras a nieve, 2
Clara apenas batida,
*   cantidad necesaria*
Sal, pimienta y nuez moscada, a gusto

Preparación

1. Forrar una tartera profunda con un disco de masa.
2. Pincharla con un tenedor. Pincelar con un poco de clara de huevo.
3. Darle un golpe de horno apenas para secar la masa, cocinándola "a blanco", sin dorar.
4. Aparte mezclar en un bol las yemas, la salsa blanca, el jamón cocido picado, el brócoli picado y el queso rallado. Condimentar a gusto.
5. Incorporar suavemente las claras a nieve a la preparación anterior ayudándose con una espátula y haciendo movimientos envolventes para que no se "baje" el batido de claras.
6. Verter la preparación en la tarta precocida y llevar a horno caliente hasta que el soufflé crezca, se dore la superficie y comience a agrietarse y la masa de tarta esté crocante.
7. Servir enseguida, sin desmoldar. Todos los soufflé de este tipo deben servirse inmediatamente, antes de que se "desinflen" y pierdan forma al enfriarse.

- Para estas tartas soufflé, son ideales los moldes con aro desmontable, pues dejarán crecer la mezcla sin que desborde, en el caso de que el diámetro de la tarta sea chico para el relleno.
- Otra posibilidad para "contener" el soufflé es adherir un aro de papel metalizado doble alrededor de la tartera (que conviene que sea lisa y no con borde acanalado).
- El soufflé lleva horno caliente. Si teme que la cubierta de masa se reseque o se dore demasiado mientras se cocina el soufflé, colocar un recipiente con agua en la base del horno.
- La tarta debe precocinarse apenas en este caso, sólo hasta que se seque un poco la masa, pues el período de cocción del soufflé es extenso.
- Se puede preparar una tarta soufflé con cualquier resto de comida cocida (carne, pollo, pescado, verduras, etc). Los ingredientes infaltables son yemas, claras a nieve y salsa blanca espesa.

CAPÍTULO 6

Tartas de pescado y frutos de mar

Tarta de calamares y pollo

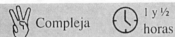 Compleja   1 y ½ horas   45 a 50 minutos   8 a 10 porciones

Ingredientes

*Masa brisée (ver recetas básicas),
  cantidad necesaria
Pollo, 300 gramos
Manteca, 30 gramos
Crema de leche, ½ taza
Ricota, 100 gramos
Tubos de calamares, 2
Aceite de oliva, 3 cucharadas
Vino blanco, 1 pocillo
Perejil picado, 3 cucharadas
Huevos, 4
Ajo picado, 1 diente
Queso parmesano, ¼ de taza
Sal y pimienta, a gusto*

Preparación

1. Forrar la tartera con la masa brisée.
2. Pinchar la totalidad de la masa con un tenedor y llevar al horno hasta que la masa quede ligeramente seca. Retirar. Reservar.
3. Pelar, limpiar y lavar bien los tubos de calamares.
4. Cortar los tubos de calamares en cintas y luego en pequeños cuadraditos.
5. Calentar en una sartén el aceite de oliva y saltear los calamares sin que se doren demasiado.
6. Añadir al salteado el ajo picado y el perejil unos instantes antes de

retirar del fuego. Retirar del fuego y reservar.

7. Cortar el pollo en cubos lo más pequeño posible.

8. Calentar la manteca en una sartén.

9. Saltear el pollo hasta que esté bien cocido y dorado.

10. Añadir el vino blanco y dejar reducir hasta que se evapore el alcohol. Retirar del fuego.

11. En un bol colocar el pollo junto con la ricota, la crema de leche y los huevos. Sazonar. Mezclar bien.

12. Verter el relleno dentro de la tartera y esparcir uniformemente.

13. Esparcir uniformemente sobre el relleno de pollo la preparación de calamares.

14. Espolvorear la superficie de la tarta con el queso parmesano.

15. Llevar al horno hasta que la superficie esté gratinada, el relleno firme y la masa bien dorada.

Tarta de atún

 Fácil   50 minutos   45 a 50 minutos   8 porciones

Ingredientes

Masa paté brisée, 1 receta
  (ver recetas básicas)
Atún en aceite escurrido,
  1 lata grande
Aceite de oliva, 2 cucharadas
Manteca, 25 gramos
Cebolla de verdeo bien picada,
  ¾ de taza
Huevos, 2
Queso crema, 3 cucharadas
Morrones rojos bien picados, 1
Vino tinto, 1 pocillo de café
Ajo picado, 1 diente
Caldo de verduras picado, ¼
Sal y pimienta, a gusto

Preparación

1. Forrar la tartera con la masa brisée. Pinchar levemente la masa con un tenedor.

2. Cocinar en horno mediano hasta que la masa esté apenas seca, pero sin que llegue a dorarse.

3. Calentar la manteca con el aceite de oliva en una sartén.

4. Rehogar la cebolla de verdeo, los morrones y el ajo picado.

5. Añadir el vino tinto y el caldo de verdura.

6. Revolver la preparación y dejar reducir unos instantes.

7. Retirar del fuego y mezclar con el atún en aceite.

8. Añadir el queso crema junto con los huevos batidos e incorporar a la preparación mezclando bien todos los ingredientes

9. Rellenar la tarta con la mezcla de atún.
10. Cocinar la tarta hasta que la masa esté bien dorada y el relleno tome firmeza.

Tarta de langostinos

 Medianamente fácil   60 minutos   45 a 50 minutos   8 a 10 porciones

Ingredientes

Masa "crocante salada"
  (ver recetas básicas),
  cantidad necesaria
Langostinos limpios, pelados
  y cortados en trocitos, 2 tazas
Cebolla picada, 1
Manteca, 4 cucharadas
  (y cantidad extra para tartera)
Perejil picado, 1 cucharadita
Huevo apenas batido, 1
Yemas ligeramente batidas, 2
Ketchup, 2 o 3 cucharadas, a gusto
Crema de leche, batida espesa,
  200 gramos
Sal y pimienta, a gusto
Harina, cantidad necesaria

Preparación

1. Forrar una tartera desmontable, previamente enmantecada y enharinada, con la masa "crocante salada". Cocinar en horno fuerte a blanco. Reservar.
2. Utilizando una sartén profunda, rehogar la cebolla picada en la manteca caliente, hasta que se torne transparente.
3. Agregar los trozos de langostinos a la sartén y saltearlos ligeramente. Retirar del fuego y colocar en un bol junto con el perejil.
4. Mezclar el ketchup a la crema batida espesa. Unir a la preparación de langostinos. Salpimentar a gusto.
5. Ligar todos los ingredientes con el huevo y la yema, apenas batidos.
6. Una vez ligada la preparación de langostinos, verterla en la tarta precocida en forma pareja.
7. Cocinar en horno moderado hasta que el relleno esté firme.
8. Dejar entibiar para desmoldar.

Tarta de pescado al roquefort

 Medianamente fácil 60 minutos 45 a 50 minutos 8 porciones

Ingredientes

Masa hojaldrada
  (ver recetas básicas),
  cantidad necesaria
Filetes de lenguado (u otro pescado
  a elección), desmenuzados, 8
Perejil picado, 1 y ½ cucharaditas
Queso rallado, 2 cucharadas
Roquefort, 200 gramos
Queso de máquina picado, 150 gramos
Cebollas de verdeo, 2
Manteca, 2 cucharadas
  (y cantidad extra para la tartera)
Crema de leche, 1 taza
Yemas, batidas, 3
Sal y pimienta, a gusto
Harina, cantidad necesaria

Preparación

1. Forrar una tartera desmontable, previamente enmantecada y enharinada, con la masa de hojaldre, recortando prolijamente los excedentes de los bordes. Pincharla con un tenedor completamente. Reservar en la heladera (en crudo).

2. Rehogar las cebollas de verdeo picadas en las dos cucharadas de manteca caliente, hasta dorar.

3. Retirar del fuego y colocar en un bol, junto con el perejil, el queso de máquina picado fino, el lenguado desmenuzado y el queso rallado. Mezclar bien.

4. Ligar los ingredientes anteriores con las yemas batidas. Salpimentar a gusto. Reservar.

5. Colocar en la procesadora el roquefort en trozos, y procesar mientras se agrega, de a pocas cantidades, la crema de leche, hasta que se forme una preparación homogénea. Reservar.

6. Verter en la tarteta forrada con la masa de hojaldre en crudo, la preparación del pescado, el queso y los huevos.

7. Por último, cubrir toda su superficie del relleno anterior con la crema de roquefort.

8. Cocinar en el piso del horno a fuego fuerte, aproximadamente durante 7 minutos, luego continuar la cocción de la tarta en el estante central del horno a fuego moderado, hasta que el relleno esté firme y la superficie dorada.

9. Dejar entibiar para desmoldar.

Tarta mediterránea

Ingredientes

*Masa de tarta crocante
(ver recetas básicas),
cantidad necesaria*
Caballa, 1 lata
Atún, 1 lata mediana
Cebollas, 2
Tomates, 2
*Papas cocidas con cáscara
y peladas, 2*
Ajo, 1 diente
Albahaca, 2 hojas
Perejil picado, 1 cucharada
*Aceitunas negras, cantidad
necesaria (para decorar)*
Huevos duros, 2
Mayonesa, ½ taza
Queso crema, ½ taza
Ketchup, 1 cucharada
Aceite, cantidad necesaria
Aceite de oliva, unas gotas
Sal y pimienta, a gusto

Preparación

1. Estirar la masa, forrar una tartera, pinchar la superficie de la masa y cocinar hasta que esté dorada y crujiente. Dejar enfriar fuera de la heladera.

2. Pisar las papas hasta obtener un puré. Poner en un bol.

3. Desmenuzar la caballa quitándole la piel, el espinazo, etc. Desmenuzar el atún. Poner ambas conservas de pescado en el bol con el puré. Añadir el queso crema, la mayonesa y el ketchup. Condimentar y mezclar bien. Llevar a la heladera.

4. Cortar los tomates en rodajas y quitarles las semillas y el exceso de jugo.

5. Cortar los huevos duros en rodajas.

6. Picar el ajo y cortar las cebollas en julianas. Rehogarlos en un poco de aceite hasta que estén translúcidos. Retirar y dejar enfriar. Añadirlos al relleno de atún.

7. Poco antes de servir, armar la tarta rellenándola y cubriendo la superficie con las rodajas de tomates.

8. Decorar con aceitunas negras, rodajas de huevo duro, perejil picado y trocitos de albahaca. Verter luego un hilo de aceite de oliva sobre la superficie.

9. Llevar a la heladera y servir fría, como fiambre.

Tarta mousse de salmón

 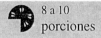
Ingredientes

Masa "crocante salada"
  (ver recetas básicas),
  cantidad necesaria
Salmón cocido, y desmenuzado
  3 tazas
Cebolla picada, 1
Manteca , 2 cucharadas
  (y cantidad extra para tartera)
Crema de leche, batida espesa,
  200 gramos
Mostaza, 2 cucharaditas
Azúcar, 1 cucharadita
Yemas, apenas batidas, 2
Claras, batidas a nieve, 2
Sal y pimienta, a gusto
Harina, cantidad necesaria

Preparación

1. Forrar una tartera desmontable, previamente enmantecada y enharinada, con la masa "crocante salada". Cocinar en horno fuerte "a blanco". Reservar.
2. Rehogar la cebolla picada en las dos cucharadas de manteca caliente. Verter en un bol y reservar.
3. Agregar al bol el salmón desmenuzado junto con la crema de leche batida espesa, el azúcar y la mostaza. Salpimentar a gusto. Mezclar bien.
4. Ligar los ingredientes anteriores con las yemas batidas.
5. Por último, mezclarle a la preparación de salmón, las claras batidas a nieve. Hacerlo con suaves movimientos envolventes.
6. Verter en forma pareja y uniforme en la tarta precocida.
7. Cocinar en horno moderado hasta que el relleno esté firme.
8. Dejar entibiar para desmoldar.

CAPÍTULO 7

Pasteles, tortas y empanadas

Pastel de acelga y zanahorias

🖐 Fácil   🕐 60 minutos   ⏳ 45 a 55 minutos   🍊 8 porciones

Ingredientes

Masa de tarta o pastel, 2 discos
Acelga, 1 kilo
Cebolla, 1
Zanahorias, 2
Huevos duros, 2
Huevos, 3
Queso rallado, ½ taza
Aceite, cantidad necesaria
Sal y pimienta, a gusto

Preparación

1. Limpiar las acelgas, quitarles los tallos duros y cocinarlas con poco agua. Escurrirlas y picarlas finamente.

2. Hervir las zanahorias al vapor hasta que estén tiernas. Cortarlas en cubos muy pequeños.

3. Pelar y picar la cebolla y rehogarla en aceite hasta dorar.

4. Ubicar las verduras cocidas en un bol. Añadir los huevos crudos, el queso rallado, sal y pimienta. Mezclar bien.

5. Forrar un molde con un disco de masa. Verter el relleno dentro de la misma. Hundir los huevos duros en el relleno.

6. Tapar con el otro disco de masa. Repulgar.

7. Practicar incisiones para que escape el vapor.

8. Cocinar en horno moderado hasta que la masa esté dorada y el relleno firme.

Empanada gallega

Ingredientes

Masa para pastel
(ver recetas básicas),
cantidad necesaria
Filetes de merluza sin espinas, ½ kilo
Atún en aceite escurrido, 1 lata chica
Limón, 1
Laurel, 1 hoja
Cebollas, 3
Morrones rojos, 3
Aceite de oliva, cantidad necesaria
Aceite para freír, cantidad necesaria
Orégano, 1 cucharadita
Pimentón dulce, 1 cucharadita
Perejil picado, 1 cucharada
Sal y pimienta, a gusto

Preparación

1. Hervir los filetes de merluza junto con la hoja de laurel. Escurrir y rociar con jugo de limón y reservar.
2. Rehogar las cebollas cortadas en juliana en un poco de aceite. Escurrir, condimentar y reservar.

3. Mojar los morrones y asarlos en una sartén de hierro hasta que la piel esté quemada. Pelarlos y quitarles las semillas y el cabo. Cortarlos en tiras gruesas y condimentarlos con sal y pimienta.
4. Forrar un molde con un disco de masa.
5. Mezclar la merluza y el atún hasta obtener una pasta homogénea en un bol. Condimentarla con perejil, orégano, pimentón, sal, pimienta y un chorrito de aceite de oliva. Reservar.
6. Poner los aros de cebolla en el fondo de la tartera forrada con masa.
7. Ubicar encima la mezcla de pescado, esparciéndola uniformemente.
8. Tapar la pasta de pescado con las tiras de morrón asado. Verter encima un chorrito de aceite de oliva.
9. Cubrir todo con otro disco de masa. Repulgar y hacer cortes para dejar salir el vapor.
10. Cocinar en horno moderado hasta que la masa esté dorada.

Pastel de alcauciles

 Fácil  60 minutos 45 a 55 minutos 8 porciones

Ingredientes

Masa para pastel (o tarta)
  a elección, cantidad necesaria
Corazones de alcauciles cocidos,
  escurridos y picados, 3 tazas
Huevos batidos, 4
Queso rallado, ½ taza
Perejil picado, 2 cucharadas
Cebollas, 2
Morrón rojo, 1
Aceite, cantidad necesaria
Salsa blanca espesa, 1 taza
Sal, pimienta y nuez moscada,
  a gusto

Preparación

1. Rehogar las cebollas y los morrones cortados en julianas en un poco de aceite, hasta que estén tiernos. Retirar del fuego, dejar enfriar y colocar en un bol.

2. Añadir a la cebolla y el morrón los corazones de alcauciles picados, el queso rallado y la salsa blanca. Condimentar con sal, pimienta y nuez moscada. Espolvorear con el perejil picado y mezclar bien.

3. Incorporar los huevos batidos al relleno.

4. Forrar una tartera con un disco de masa. Verter dentro de la tartera el relleno.

5. Cubrir con otro disco de masa y repulgar bien. Hacer algunos cortes en la superficie para que escape el vapor.

6. Cocinar en horno moderado hasta que el pastel esté cocido y dorado.

Pascualina de alcauciles

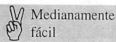 Medianamente fácil   60 minutos   20 a 30 minutos   8 a 10 porciones

Ingredientes

Masa de pasculina
(ver recetas básicas)
Alcauciles, 1 docena
Huevos, ligeramente batidos, 4
Manteca, 1 y ½ cucharadas y
cantidad extra para molde
Perejil picado, 1 cucharada
Cebollas de verdeo, picadas, 3
Queso rallado, 4 cucharadas
Dientes de ajo, picados, 2
Crema de leche batida espesa, 1 taza
(o salsa blanca espesa)
Sal, pimienta y nuez moscada, a gusto
Harina, cantidad necesaria para molde
Huevo batido, cantidad necesaria
para pintar la pascualina

Preparación

1. Dividir la masa, básica para pascualinas, en dos bollos, uno más grande que el otro.
2. Estirar el bollo de masa más grande sobre la mesada enharinada, hasta que quede aproximadamente de 4 milímetros.
3. Forrar con ella un molde desmontable, enmantecado y enharinado. Pinchar completamente. Reservar en crudo.
4. Saltear las cebollas de verdeo y el ajo picados en la manteca caliente. Colocar en un bol.

5. Limpiar los alcahuciles, colocarlos en una cacarola con agua y cocinar hasta que esten tiernos.
6. Escurrir, dejar enfriar y picar todas las partes comestibles (corazón y base tierna de las hojas). Unir al bol donde se encuentran el ajo y las cebollas.
7. Agregar los huevos batidos, el perejil picado, el queso rallado y la crema de leche batida espesa. Condimentar con sal, pimienta y nuez moscada, a gusto. Mezclar bien.
8. Verter sobre la masa cruda rellenando la pascualina en forma uniforme.
9. Estirar el bollo de masa restante, pintar los bordes de la misma con huevo batido, y cubrir con ella el relleno de alcauciles. Presionar ambos bordes: el de la masa de arriba pintado con huevo y el sobresaliente de la masa de abajo con los dedos, para queden bien pegaditos. Hacer un repulgo decorativo.
10. Utilizar un cuchillo filoso y hacer, en la superficie de la pascualina, unas pequeñas incisiones en la masa, para que escape el vapor durante la cocción.
11. Pintar la superficie completamente con huevo batido.
12. Llevar a horno caliente y cocinar hasta que el relleno esté cocido y la superficie bien doradita.

Pastel de pollo

 Fácil 60 minutos 45 a 55 minutos 8 a 10 porciones

Ingredientes

*Masa para pastel (ver recetas
    básicas), cantidad necesaria*
Supremas de pollo, 4
Caldo de pollo, 1 cubito
Vino blanco seco, ½ vaso
Cebollas, 3
Ajo, 1 diente
Morrones rojos, 3
Aceite para freír, cantidad necesaria
Pimentón dulce, 1 cucharadita
Perejil picado, 1 cucharada
Sal y pimienta, a gusto

Preparación

1. Rehogar las cebollas cortadas en juliana en un poco de aceite. Añadirles las supremas de pollo cortadas en tiritas. Añadir el caldo de pollo desmenuzado y el vino blanco.

2. Terminar la cocción a mínimo hasta que el relleno quede con poco jugo.
3. Picar el ajo, mezclarlo con el perejil picado y echarlo en el relleno. Revolver y retirar del fuego.
4. Condimentar a gusto con sal, pimienta y pimentón dulce. Reservar.
5. Mojar los morrones y asarlos en una sartén de hierro hasta que la piel esté quemada. Pelarlos y quitarles las semillas y el cabo. Cortarlos en tiras gruesas y condimentarlos.
6. Forrar un molde con un disco de masa.
7. Verter el relleno en el molde forrado.
8. Tapar el relleno de pollo con las tiras de morrón asado. Verter encima un chorrito de aceite.
9. Cubrir todo con otro disco de masa. Realizar el repulgo y hacer cortes para dejar salir el vapor.
10. Cocinar en horno moderado hasta que la masa esté dorada.

Empanada italiana

 Fácil 30 minutos 40 a 50 minutos 10 porciones

Ingredientes

*Masa para pastel
    (ver recetas básicas), 2 discos*
Queso fresco (cuartirolo), ¼ kilo
Queso tipo Mar del Plata, ¼ kilo
Chorizo colorado, 1

*Panceta ahumada cortada gruesa,
    100 gramos*
Queso de rallar, 1 taza
Huevos batidos, 3
Sal y pimienta, a gusto
Morrones al natural, 1 lata

Preparación

1. Cortar en trocitos el queso fresco y el queso tipo Mar del Plata. Ponerlos en un bol junto con el queso de rallar y la panceta cortada en trocitos.
2. Pelar el chorizo colorado y cortarlo en rodajas finas. Añadirlo al bol con los quesos.
3. Ligar todo con los huevos batidos y añadir pimienta (y poca sal, ya que los quesos y el chorizo colorado son salados).

4. Escurrir los morrones y cortarlos en tiras. Reservar.
5. Forrar un molde con un disco de masa. Ubicar dentro del molde el relleno.
6. Cubrir con las tiras de morrones.
7. Tapar con otro disco de masa, repulgar y hacer unos cortes para que salga el vapor.
8. Cocinar a fuego moderado hasta que la empanada esté dorada.

Pastel de cebolla y zanahoria

 Medianamente fácil 1 y ½ horas 45 a 60 minutos 10 porciones

Ingredientes

Cebollas, 1 kilo
Zanahorias, 3
Huevos duros, 2
Huevos batidos, 3
Aceitunas verdes, 100 gramos
Aceite, cantidad necesaria
Queso rallado, 4 cucharadas
Sal, pimienta y nuez moscada, a gusto

Preparación

1. Cortar las cebollas en julianas.
2. Rehogar la cebolla fina en un poco de aceite. Si es necesario, añadir agua o caldo para que no se queme. Reservar.
3. Hervir las zanahorias hasta que estén tiernas. Dejar enfriar y cortar en cubitos pequeños. Reservar.
4. Poner las zanahorias y la cebolla en un bol. Añadir mitades de aceitunas descarozadas y el queso rallado. Condimentar a gusto.
5. Ligar la preparación anterior con los huevos crudos batidos.
6. Forrar una tartera honda con un disco de masa. Verter dentro de la misma el relleno en forma pareja.
7. Cubrir la superficie con rodajas de huevo duro y tapar con otro disco.
8. Repulgar, hacer cortes en la superficie para dejar salir el vapor y cocinar en horno moderado hasta que el pastel esté dorado y cocido.

Pastel de puerro

Ingredientes

Masa

Harina, 2 tazas
Polvo para hornear, 1 cucharadita
Sal, ½ cucharadita
Manteca, 50 gramos
Huevo, 1
Pocillo de leche, 1

Relleno

Blanco de puerro, ½ kilo
Queso rallado, ½ taza
Cebolla, 1
Cebolla de verdeo, 2
Salsa blanca espesa, 1 taza
Huevos, 2
Aceite, cantidad necesaria
Manteca, cantidad necesaria
Sal, pimienta y nuez moscada, a gusto
Huevo batido, cantidad necesaria

Preparación

Masa

1. Tamizar la harina con el polvo de hornear y la sal. Ubicarla en un bol y hacerle un hueco en el centro.
2. Poner la manteca, el huevo y la leche en el hueco.
3. Mezclar con las manos, desmenuzando la manteca e integrándola a los demás ingredientes. Si fuera necesario, añadir más leche hasta obtener un bollo blando.
4. Envolver en polietileno y dejar descansar.

Relleno

5. Limpiar y pelar los puerros, la cebolla y la cebolla de verdeo.
6. Picar finamente las cebollas y rehogarlas en aceite. Reservar.
7. Cortar los puerros en julianas y rehogarlos en un poco de manteca y agua hasta que estén tiernos. Escurrir.
8. Poner las cebollas, el puerro, el queso rallado, los huevos previamente batidos y la salsa blanca espesa en un bol. Condimentar con sal, pimienta y nuez moscada.
9. Dividir la masa en dos, estirar una parte y forrar un molde.
10. Ubicar el relleno sobre la masa y estirar la otra parte de masa. Tapar el pastel. Repulgar cortando el excedente de los bordes.
11. Practicarle incisiones, pintar con huevo batido y cocinar en horno moderado de 30 a 40 minutos.

Pascualina de berenjenas

Ingredientes

Masa de pasculina
  (ver recetas básicas)
Berenjenas, 1 kilo
Huevos, ligeramente batidos, 4
Queso crema, 1 taza
Cebollas, picada, 1
Queso rallado,1 taza
Dientes de ajo, picados, 2
Manteca, 4 cucharas y
  cantidad extra para molde
Sal, pimienta y nuez mosacada, a gusto
Harina, cantidad necesaria para molde
Huevo batido, cantidad necesaria
  para pintar la pascualina

Preparación

1. Dividir la masa, básica para pascualinas, en dos bollos, uno más grande que el otro.

2. Estirar el bollo de masa más grande sobre la mesada enharinada, hasta que quede aproximadamente de 4 milímetros.

3. Forrar con ella un molde desmontable, enmantecado y enharinado. Pinchar completamente. Reservar en crudo.

4. Pelar las berenjenas y cortarlas longitudinalmente, en tajadas no demasiado gruesas. Colocarlas en un bol con agua y sal. Reservar. Colocarlos en una cacerola con agua y cocinar hasta que estén tiernos.

5. Saltear en dos cucharadas de manteca, las cebollas el ajo picado y la cebolla picada. Colocar en un bol.

6. Lavar y escurrir las berenjenas cortadas. Saltear en las dos cucharadas de manteca restante y unir al bol donde se encuentran el ajo y la cebolla.

7. Agregar los huevos batidos, el queso crema y el queso rallado. Condimentar con sal, pimienta y nuez moscada, a gusto. Mezclar bien.

8. Verter sobre la masa cruda rellenando la pascualina en forma uniforme.

9. Estirar el bollo de masa restante, pintar los bordes con huevo batido y cubrir el relleno de berenenas. Presionar ambos bordes: el de la masa de arriba pintado con huevo y el sobresaliente de la masa de abajo, con los dedos, para queden bien pegaditos. Hacer un repulgo decorativo.

10. Utilizar un cuchillo filoso y hacer unas pequeñas incisiones en la masa, para que escape el vapor durante la cocción.

11. Pintar la superficie completamete con huevo batido.

12. Llevar a horno caliente y cocinar hasta que el relleno esté cocido y la superficie bien dorada.

CAPÍTULO 8
Tartinas individuales

Tartinas de cebolla agridulce

 Fácil 30 minutos 25 a 35 minutos · 4 tartinas

Ingredientes

Masa para tarta a elección
  (ver recetas básicas),
  cantidad necesaria
Aceite, cantidad necesaria
Cebollas chicas, 3
Leche, 1 cucharada
Huevos, 4
Sal, pimienta y nuez moscada,
  a gusto
Azúcar, 4 cucharadas

Preparación

1. Forrar cuatro moldes para tartinas individuales. Reservar en la heladera.
2. Aparte cortar las cebollas en juliana y rehogarlas hasta que estén bien doradas. Escurrirlas y pasarlas a un bol.
3. Batir los huevos con la leche e incorporarlos a las cebollas. Condimentar.
4. Verter la mezcla en las tartinas y cocinar en horno moderado hasta que la superficie esté dorada.
5. Retirar del horno, espolvorear con el azúcar y gratinar en la parrilla del horno, para que el azúcar se caramelice.

Paquetitos de choclo

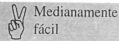

Ingredientes

Masa
Harina, ½ kilo
Manteca, 200 gramos
Leche, 1 taza de té
Sal, 1 cucharadita

Relleno
Choclos, 6
Cebolla, 1
Leche, ½ taza
Tomate pelado y sin semillas, 1
Queso rallado, 3 cucharadas
Harina, 1 cucharada
Pimentón, 1 cucharadita
Aceite, cantidad necesaria
Sal, pimienta y nuez moscada,
* a gusto*

Preparación

1. Tamizar la harina y ponerla en forma de corona sobre la mesa.
2. En el centro colocar la manteca, la leche y la sal.
3. Incorporar la harina desde adentro hacia fuera hasta obtener un bollo tierno y liso.
4. Cubrir con film de polietileno y guardar en la heladera hasta el momento de utilizarlo.
5. Para el relleno, picar la cebolla y rehogarla en aceite. Cuando esté transparente añadir el choclo rallado y la leche. Cocinar a fuego suave revolviendo de vez en cuando con una cuchara de madera.
6. Incorporar el tomate pelado y finamente picado. Dejar que se espese.
7. Añadir la cucharada de harina, revolver y, cuando tome consistencia, retirar del fuego.
8. Agregar al relleno el pimentón, el queso rallado y condimentar a gusto. Dejar enfriar.
9. Estirar bolitas de masa para obtener círculos de 2 mm de espesor. Poner en cada uno una cucharada de relleno, cerrar los bordes hacia arriba, como formando un paquete o bolsita.
10. Hacer tiritas cilíndricas de masa y enroscarlas en torno a los paquetitos, como si fuesen hilos que los cierran.
11. Pintar los paquetitos con huevo batido y cocinar en horno moderado hasta que estén cocidos.

Tartinas de arvejas

 Fácil 45 minutos 30 a 45 minutos 4 tartinas

Ingredientes

*Masa crocante para tarta,
cantidad necesaria
Clara de huevo apenas batida, 1
Panceta ahumada, 100 gramos
Arvejas, 1 lata
Salsa blanca espesa, 2 tazas
Huevos batidos, 2
Queso rallado, ½ taza y 2 cucharadas
Pan rallado, 1 cucharada
Manteca, cantidad necesaria
Sal, pimienta y nuez moscada,
a gusto*

Preparación

1. Forrar cuatro moldes de tartinas (pueden ser de tarteletas grandes o fuentes pequeñas para horno) con masa crocante. Pincharlas, pintarlas con clara de huevo y cocinarlas en horno caliente "a blanco". Dejar enfriar y reservar.

2. Mezclar en un bol las arvejas escurridas con la salsa blanca y el queso rallado. Condimentar a gusto con sal, pimienta y nuez moscada.

3. Poner las tiras de panceta en una sartén y dejarlas cocinar hasta que estén crujientes. Cortarlas en trocitos y añadirlas a la mezcla anterior.

4. Ligar todo con los huevos batidos y verter la mezcla en cuatro tartinas.

5. Espolvorear con las dos cucharadas de queso rallado mezcladas con la cucharada de pan rallado. Poner un trocito de manteca encima de cada tartina y llevar al horno.

6. Cocinar hasta que el relleno esté firme, la superficie gratinada y la masa crujiente. Servir calientes.

Tartinas de queso y cebolla

 Fácil 50 minutos 30 a 45 minutos 8 tartinas

Ingredientes

*Masa para pastel (ver recetas
  básicas), cantidad necesaria
Queso crema, 1 pote
Cebollas, 2
Yemas de huevo, 3
Queso rallado, ½ taza
Aceite, cantidad necesaria
Sal y pimienta, a gusto*

Preparación

1. Forrar moldecitos para pasteles individuales con discos de masa.
2. Freír la cebolla en aceite hasta que esté dorada. Escurrirla y colocarla en un bol.
3. Añadirle el queso crema, el queso rallado, las yemas de huevo y condimentar a gusto.
4. Rellenar los moldes y cubrirlos con un disco de masa. Repulgar y hacer un orificio en el centro.
5. Cocinar hasta que estén dorados.

Tartinas de champiñones

 Fácil 50 minutos 30 a 45 minutos 8 tartinas

Ingredientes

*Masa crocante para tarta
  (ver recetas básicas),
  cantidad necesaria
Champiñones, 150 gramos
Cebolla, 1*

*Laurel, 1 hoja chica
Vino blanco, 3 a 5 cucharadas
Salsa blanca espesa, 2 tazas
Yemas, 2
Perejil picado, 1 cucharada
Queso rallado, ½ taza
Pan rallado, 2 cucharadas
Manteca, cantidad necesaria*

Preparación

1. Rehogar la cebolla picada junto con la hoja de laurel en manteca hasta dorar. Añadir los champiñones y seguir cocinando a fuego suave, incorporando cada tanto chorritos de vino blanco para que el relleno no se reseque. Retirar del fuego, descartar el laurel y dejar enfriar.
2. Pasar los champiñones a un bol y añadirles la salsa blanca y las yemas.

3. Condimentar a gusto.
4. Forrar ocho moldes de tartinas con masa para tarta y rellenarlos con la mezcla anterior.
5. Espolvorear con el queso rallado mezclado con el pan rallado. Poner encima de cada tartina un copete de manteca blanda.
6. Llevar a horno moderado hasta que la masa esté cocida y el relleno gratinado. Servir calientes.

Salad crust de alcauciles

 Fácil   40 minutos   15 a 20 minutos   4 salad crust

Ingredientes

Masa para tarta, cantidad necesaria
Corazones de alcauciles cocidos, 8
Tomates, 2
Aceitunas negras, 8
Mayonesa liviana, 1 taza
Perejil picado, 1 cucharada
Sal y pimienta, a gusto

Preparación

1. Forrar moldes de tartinas (pueden ser de tarteletas grandes o fuentes pequeñas para horno) con masa crocante. Pincharlas, pintarlas con clara de huevo y cocinarlas en horno caliente hasta que estén doradas y crujientes. Dejar enfriar, desmoldar y reservar fuera de la heladera.
2. Poner los corazones de alcauciles cortados en juliana en un bol. Condimentar a gusto.
3. Lavar los tomates, quitarles las semillas y el exceso de jugo y cortarlos en juliana. Condimentarlos a gusto.
4. Descarozar las aceitunas y cortarlas en cuatro.
5. En el momento de servir, poner una "crust" de masa en cada plato y cubrir el fondo alternando rodajas de tomate y julianas de alcaucil.
6. Salsear con la mayonesa, decorar con los trocitos de aceitunas negras y servir.

Salad crust primavera

Se le dice "salad crust" o "costras saladas" a las bases de masa cocida que se rellenan con ensaladas o preparaciones que no llevan horno, como si fuesen "platos de masa". Son formas similares a las tulipas dulces de las heladerías que resultan decorativas y... ¡comestibles!

Ingredientes

Masa crocante para tarta, cantidad necesaria
Clara de huevo apenas batida, 1
Jamón cocido cortado en 1 feta, 100 gramos
Lechuga mantecosa, 5 hojas
Lechuga capuchina, 5 hojas
Lechuga colorada o radichio rosso, 5 hojas
Tomates baby, 16
Huevos duros, 2
Queso tipo mar del plata, 50 gramos
Vinagre, 2 cucharadas
Aceite, ½ taza
Mayonesa, 2 cucharadas
Mostaza, 1 cucharadita
Sal y pimienta, a gusto

Preparación

1. Forrar moldes de tartinas (pueden ser de tarteletas grandes o fuentes pequeñas para horno) con masa crocante. Pincharlas, pintarlas con clara de huevo y cocinarlas en horno caliente hasta que estén doradas y crujientes. Dejar enfriar, desmoldar y reservar fuera de la heladera.

2. Poner las hojas de lechuga en un bol, cubrirlas con agua, echarles una cucharada de vinagre y 1 cucharadita de sal y dejar reposar durante 10 minutos. Enjuagar y escurrir muy bien.

3. Lavar los tomates baby. Secar y reservar.

4. Cortar el queso en daditos pequeños.

5. En el momento de servir, poner una "crust" de masa en cada plato y cubrir el fondo con trozos de diferentes lechugas cortadas "a mano".

6. Poner encima cubitos de queso, 4 tomatitos en cada una, daditos de jamón y 1/2 huevo duro cortado en rodajas. Condimentar con sal y pimienta.

7. Aparte mezclar una cucharada de vinagre con el aceite, la mayonesa y la mostaza para formar un aderezo. Servirlo aparte.

Salad crust alemana

 Fácil 45 minutos 20 a 30 minutos 4 salad crust

Ingredientes

Masa para tarta,
  cantidad necesaria
Salchichas tipo frankfurt, 2
Repollo chico blanco, ½
Panceta, 50 gramos
Morrones al natural, 1 lata
Manzana verde, 1
Jugo de limón, 1 cucharadita
Mostaza, 1 cucharada
Crema de leche batida espesa, 1 taza
Sal y pimienta, a gusto

Preparación

1. Forrar moldes de tartinas (pueden ser de tarteletas grandes o fuentes pequeñas para horno) con masa crocante. Pincharlas, pintarlas con clara de huevo y cocinarlas en horno caliente hasta que estén doradas y crujientes. Dejar enfriar, desmoldar y reservar fuera de la heladera.
2. Hervir las salchichas y cortarlas en rodajas. Reservar.
3. Cortar el repollo y la cebolla en juliana y pasar por agua hirviendo. Escurrirlos bien. Ponerlos en un bol.
4. Freír la panceta hasta que esté crocante y cortarla en trocitos. Añadirla al bol.
5. Cortar la manzana en daditos y rociarla con el jugo de limón. Mezclarla a la cebolla y la panceta.
6. Aparte, mezclar la crema con la mostaza y condimentar con sal y pimienta a gusto.
7. En el momento de servir, poner en cada costra de masa una porción de la ensalada de repollo y cebollas, una porción de salchicha en rodajas y un copete de crema a la mostaza.

CAPÍTULO 9

Tartas y otras preparaciones tradicionales

Quiche llorraine

 Medianamente fácil   45 minutos   35 a 45 minutos   8 porciones

Ingredientes

*Masa salada crocante o masa tipo
    hojaldrada (ver recetas básicas),
    cantidad necesaria*
*Panceta ahumada cortada
    en tiras finas, 250 gramos*
Queso gruyére rallado grueso, 250 gramos
Crema de leche, 200 gramos
Huevos, 3
Sal y pimienta negra recién molida, a gusto

Preparación

1. Forrar la tartera con la masa a elección. Prolijar los bordes con un cuchillo filoso.

2. Colocar la mitad de la panceta ahumada sobre la masa.

3. Espolvorear con la mitad del queso gruyére.

4. Batir levemente los huevos con la crema de leche. Sazonar.

5. Espolvorear sobre el queso la panceta restante.

6. Cubrir la preparación con el batido de huevos y crema.

7. Espolvorear con el queso gruyére restante.

8. Espolvorear con pimienta negra recién molida.

9. Cocinar en horno moderado hasta que la masa se dore y la superficie del quiche este bien gratinado.

Tarta tricolor

Ingredientes

*Masa para pastel (ver recetas
  básicas), cantidad necesaria
Puré de calabazas, 3 tazas
Ricota, ½ kilo
Espinacas cocidas, picadas y
  escurridas, 2 tazas
Cebolla grande, 1
Huevos, 4
Manteca, 2 cucharadas
Queso rallado, 1 y ½ tazas
Aceite, cantidad necesaria
Sal, pimienta y nuez moscada,
  a gusto*

Preparación

1. Unir al puré de cabalazas aún caliente 2 cucharadas de manteca, ½ taza de queso rallado y 2 huevos previamente batidos.

2. Condimentar a gusto con sal, pimienta y nuez moscada. Reservar.

3. Deshacer la ricota con un tenedor. Añadirle la ½ taza restante de queso rallado y los dos huevos previamente batidos. Condimentar y reservar.

4. Picar finamente la cebolla y rehogarla en un poco de aceite, hasta que esté translúcida. Escurrir y reservar.

5. Mezclar la espinaca con ½ taza de queso rallado. Añadirle la cebolla rehogada. Mezclar bien. Reservar.

6. Forrar una tortera con aro desmontable con masa, de modo que quede un reborde de masa sobrante todo alrededor.

7. Poner el relleno de espinacas en el fondo de la tortera. Extenderlo en forma pareja.

8. Verter el relleno de ricota sobre la espinaca. Alisar la superficie.

9. Volcar finalmente el puré de calabazas y extender en forma pareja, hasta que la superficie esté bien lisa.

10. Llevar hacia adentro el reborde de masa, sobre la superficie del relleno de calabazas.

11. Cocinar hasta que la masa esté crocante y el relleno firme.

Tarta rústica de cebolla y hierbas

 Fácil 50 minutos 40 a 50 minutos 8 porciones

Ingredientes

Masa para pastel o tarta
  (ver recetas básicas),
  cantidad necesaria
Cebollas, 1 kilo
Aceite, cantidad necesaria
Queso tipo cuartirolo, ¾ kilo
Queso de rallar, ½ taza
Huevos, 2
Salsa blanca espesa, 1 taza
Perejil picado, 2 cucharadas
Albahaca picada, 2 cucharadas
Orégano fresco picado, 2 cucharadas
Sal, pimienta y nuez moscada,
  a gusto

Preparación

1. Forrar un molde de tarta alto y con base desmontable. Estirar la masa algo gruesa y forrar el molde, previamente enmantecado y enharinado, dejando un reborde irregular de masa todo alrededor. Reservar en la heladera en crudo.
2. Mezclar en un bol el queso en trocitos, el queso rallado, la salsa blanca y los huevos previamente batidos.
3. Añadir una cucharada de cada hierba aromática picada. Mezclar bien. Condimentar con sal y pimienta.
4. Aparte, cortar las cebollas en julianas y rehogarlas en aceite hasta que estén transparentes. Escurrir y reservar.
5. Verter el relleno de queso en la tarta.
6. Cubrir con las cebollas. Espolvorear con la cucharada restante de cada hierba.
7. Cocinar en horno moderado hasta que la masa esté dorada.

Crostata de queso, tomate y morrones

 Medianamente fácil 1 y ½ horas 45 a 50 minutos 8 a 10 porciones

Se les dice crostatas a las cubiertas de masa rústicas que llevan adentro un relleno similar al de las tartas, pero más alto.

Ingredientes

*Masa para pastel o tarta
(ver recetas básicas),
cantidad necesaria
Tomates maduros, 2
Morrón rojo, 1
Salsa blanca espesa, 2 tazas
Huevos batidos, 3
Perejil picado, 1 cucharada
Queso de rallar, ½ taza
Mozarella, ½ kilo
Sal y pimienta, a gusto*

Preparación

1. Forrar un molde de tortera desmontable con un disco de masa de 3 mm de espesor.
2. Quemar en el fuego la piel del morrón, pelarlo, quitarle semillas y cabo y cortarlo en trocitos. Reservar.
3. Cortarlos tomates en rodajas finas. Condimentarlos y reservar.
4. Cortar el queso en trocitos y ponerlo en un bol. Añadirle el queso rallado, los huevos batidos, la salsa blanca y ½ cucharada de perejil picado. Mezclar y condimentar.
5. Verter la mitad del relleno de queso en la tortera. Cubrir con rodajas de tomate.
6. Completar con la otra mitad del relleno, cubrir con rodajas de tomate y espolvorear con el perejil picado restante.
7. Llevar los bordes de masa hacia adentro en forma rústica y cocinar hasta que la cubierta esté dorada.

Paté de la maison

 Compleja 2 horas 45 a 55 minutos 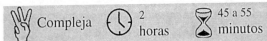 8 porciones

Ingredientes

Masa
Manteca, 100 gramos
Queso crema, 50 gramos
Huevo, 1
Sal y pimienta, a gusto
Harina leudante, cantidad necesaria
Agua, cantidad necesaria
(aproximadamente ¼ de taza)

Relleno
Jamón cocido en un solo trozo,
400 gramos
Coñac, 8 cucharadas
Carne de cerdo, ¼ kilo
Panceta ahumada magra, ¼ kilo
Cebollas de verdeo, 3
Huevos, 2
Yema, 1
Crema de leche, 3 cucharadas
Avellanas enteras, 50 gramos
Gelatina salada, ½ litro

Preparación

Masa
1. Colocar la manteca, el queso crema, el huevo, la sal y la pimienta sobre la mesada.
2. Aplastar todo con un tenedor hasta obtener una pasta homogénea.
3. Agregarle ¼ de taza de agua.
4. Unirle la harina leudante necesaria como para armar un bollo liso y tierno, sin amasarlo demasiado. Reservar.

Relleno
1. Dividir el jamón en dos partes iguales. A una de las partes cortarlas en tiras de 1 centímetro de grosor y rociarlas con una cucharada de coñac.
2. Cortar en trozos la otra mitad del jamón y procesarla junto con la carne de cerdo y la panceta para obtener una pasta (paté).
3. Añadir a la pasta el resto del coñac, los huevos batidos, la crema de leche y las cebollas finamente picadas.
4. Forrar un molde tipo budín inglés con 2/3 de la masa.
5. Rellenar el molde con la mitad de la pasta de carne. Distribuir en la superficie las avellanas y las tiras de jamón. Cubrir con el resto de relleno y alisar bien.

6. Estirar la masa sobrante y tapar el pastel, realizando un repulgo en los bordes y dejando una hendidura central para que salga el vapor. Poner en el orficio una "chimenea" de papel metalizado

7. Batir la yema de huevo con dos cucharadas de agua y pintar la superficie de la masa.

8. Cocinar en horno moderado durante una hora y media.

9. Una vez frío, retirar la "chimenea" de aluminio y llenar los huecos que pudieron hacerse entre el relleno y la masa vertiendo por el orificio la gelatina salada.

10. Dejar en la heladera hasta el día siguiente. Desmoldar y servir cortado en tajadas.

Focaccia calabresa

 Fácil   40 minutos   25 a 35 minutos   8 a 10 porciones

Ingredientes

*Masa de pastel
  (ver recetas básicas), 2 bollos
Huevos duros, 3
Albahaca picada, unas hojas
Orégano, ½ cucharada
Aceite de oliva, unas gotas
Muzzarella, 300 gramos
Salame, 100 gramos
Sal y pimienta, a gusto*

Preparación

1. Dividir la masa de pastel en dos partes, una más grande que la otra.

2. Estirar el bollo más grande y forrar con una pizzera chica enmantecada.

3. Poner las rodajas de salame sobre la masa y encima la muzzarella.

4. Cortar los huevos duros en rodajas y ubicarlos sobre la muzarella.

5. Espolvorear con albahaca picada y orégano. Rociar con unas gotas de aceite de oliva.

6. Estirar el otro bollo de masa y tapar el relleno.

7. Llevar hacia adentro los bordes de la masa de abajo para cerrar la focaccia. Pinchar la parte superior con un tenedor para que salga el vapor.

8. Cocinar en horno caliente hasta que esté dorada y crujiente.

CAPÍTULO 10

Tarteletas y otros bocados para copetín

Tarteletas de jamón y queso

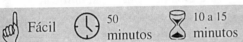

 Fácil   50 minutos   10 a 15 minutos 20 a 30 tarteletas

Ingredientes

Masa básica para tarteletas (ver recetas básicas), cantidad necesaria
Jamón cocido, 250 gramos
Queso de máquina, 100 gramos
Queso rallado fino deshidratado, 100 gramos
Queso crema, 1 pote chico
Mayonesa, 1 cucharada sopera
Mostaza, ½ cucharadita
Sal y pimienta, a gusto

Preparación

1. Preparar las tarteletas como lo indica la receta básica agregándole a la masa los 100 gramos de queso rallado deshidratado. Cocinar y reservar.
2. Cortar las fetas de queso de máquina en finas julianas. Luego cortar las julianas en pequeños daditos (lo más diminutos posibles.)
3. Realizar la misma operación para el jamón cocido. Reservar ¼ de la cantidad para decorar.
4. Mezclar el queso crema junto con la mayonesa, la mostaza, el queso de máquina picado y el jamón cocido picado. Sazonar.
5. Utilizar una manga repostera con pico grueso para rellenar las tarteletas.
6. Espolvorear cada tarteleta con el jamón cocido picado.

Tarteletas de roquefort, apio y nuez

 Fácil 30 minutos 15 a 20 minutos 20 a 30 tarteletas

Ingredientes

Masa básica para tarteletas
  (ver recetas básicas),
  cantidad necesaria
Queso roquefort, 250 gramos
Nueces picadas, 70 gramos
Manteca, 30 gramos
Apio picado, 3 cucharadas
Queso crema, 1 pote chico
Crema de leche, 3 cucharadas
Sal y pimienta, a gusto

Preparación

1. Forrar moldes de tarteletas con la masa y hornearlas. Desmoldar. Reservar.
2. Derretir la manteca en una sartén.
3. Saltear las tres cucharadas de apio unos instantes. Reservar.
4. Pisar con un tenedor el queso roquefort con el queso crema y la crema de leche hasta unificar.
5. Mezclar con las nueces y el apio rehogado. Sazonar.
6. Colocar la mezcla en una manga, llenar las tarteletas y decorar.

Tarteletas de jamón y morrones

 Fácil 30 minutos 10 a 15 minutos 20 a 30 tarteletas

Ingredientes

Masa básica para tarteletas
  (ver recetas básicas),
  cantidad necesaria
Jamon cocido, 200 gramos
Queso crema, 1 pote

Yema de huevo cocida, 2
Pimentón dulce, ¼ de cucharadita
Morrones rojos al natural, 1 lata
Crema de leche (opcional),
  3 cucharadas
Hojas de perejil fresco, para decorar
Sal y pimienta. a gusto

Preparación

1. Forrar moldes de tarteletas con la masa y hornearlas. Desmoldar. Reservar.
2. Colocar en la procesadora el jamón cocido junto con el queso crema, las yemas cocidas, el pimentón y la crema de leche.
3. Procesar hasta que no se diferencie el jamón. Sazonar.

4. Cortar el morrón rojo en pequeñas tiritas y posteriormente en cubitos lo más pequeños posible.
5. Mezclar en un bol la preparación del queso crema con el morrón en cubitos.
6. Colocar el relleno en una manga repostera con pico grueso y rellenar las tarteletas.
7. Decorar cada tarteleta con una hoja de perejil fresco.

Tarteletas de pollo y ciboulette

 Medianamente fácil 60 minutos 20 a 30 minutos 20 a 30 tarteletas

Ingredientes

Masa básica para tarteletas
(ver recetas básicas)
cantidad necesaria
Ciboulette picado, ½ taza y extra
Carne de pollo, 250 gramos
Manteca, 35 gramos
Yemas cocidas, 1
Mayonesa, 2 cucharada
Queso crema, 1 pote mediano
Sal y pimienta, a gusto

Preparación

1. Forrar moldes de tarteletas con la masa y hornearlas. Desmoldar. Reservar.
2. Cortar la carne de pollo en pequeños trozos.
3. Poner a calentar una sartén con la manteca.

4. Saltear la carne de pollo en la manteca hasta que esté bien cocido.
5. Colocar el pollo cocido en la procesadora y darle un golpe breve de procesado sin que llegue a empastarse de manera que queden partes de pollo enteras. Reservar.
6. Colocar en la procesadora el queso crema junto con la mayonesa, el ciboulette y la yema de huevo cocida.
7. Procesar los ingredientes. Unir bien.
8. En un bol colocar el pollo procesado junto con la mezcla de mayonesa y queso crema.
9. Unir bien los ingredientes con una espátula o tenedor. Sazonar
10. Colocar el relleno en una manga con pico grueso.
11. Rellenar cada tarteleta decorando posteriormente con el ciboulette picado extra.

Tarteletas de pepinillos y cebollitas pickles

 Fácil 30 minutos 10 a 15 minutos 20 a 30 tarteletas

Ingredientes

*Masa básica para tarteletas
(ver recetas básicas),
cantidad necesaria*
Pepinillos pickles, ½ taza
Cebollitas pickles, ½ taza
Yemas cocidas, 2
Mayonesa, ¼ de taza
Queso crema, ¾ de taza
Mostaza, 1 cucharada
Azúcar, 1 cucharadita
Sal y pimienta, a gusto

Preparación

1. Forrar moldes de tarteletas con la masa y hornearlas. Desmoldar. Reservar.
2. Dejar enfriar y desmoldar. Acomodar las tarteletas cocidas en una bandeja. Reservar.
3. Cortar los pepinillos y las cebollitas en pequeños trozos. Reservar en un bol.
4. Colocar el queso crema junto con la mayonesa, el azúcar, la mostaza y las yemas de huevo cocidas en la procesadora.
5. Procesar hasta unir bien los ingredientes.
6. Luego unir los ingredientes procesados a los pepinillos y las cebollitas reservados en el bol. Sazonar con sal y pimienta. Mezclar bien.
7. Colocar la preparación en una manga con pico grueso.
8. Utilizar la manga para poder rellenar las tarteletas, ya cocidas y desmoldadas, en forma pareja y prolija.

Tarta de zapallitos y panceta

pág. 27

Torta de choclo y calabaza
pág. 44

Tarta souflée de jamón y champiñones

Tarteletas de roquefort, apio y nuez y calientes de choclo

pág. 94 - pág. 100

Tarta mousse de chocolate
pág. 166

Pizza de ricota
pág. 179

Lemon pie
pág. 182

Mini pasta frola
pág. 187

Tarteletas calientes de espinaca y muzzarella

 Medianamente fácil 60 minutos 20 a 30 minutos 20 a 30 tarteletas

Ingredientes

Masa básica para tarteletas
  sin manteca (ver recetas básicas),
  cantidad necesaria
Espinaca cocida, procesada y bien
  escurrida, 200 gramos
Muzzarella cortada en pequeños
  cubitos, 100 gramos
Jamón cocido picado, 60 gramos
Manteca, 20 gramos
Nuez moscada en polvo o rallada,
  1 cucharadita al ras
Queso rallado deshidratado,
  cantidad necesaria
Ajo picado, 1 diente
Sal y pimienta, a gusto

Preparación

1. Preparar las tarteletas como lo indica la receta básica agregándole a la masa la cucharadita de nuez moscada. Cocinarlas y reservarlas.
2. Derretir la manteca en una sartén.
3. Añadir el ajo picado. Rehogar unos segundos y agregar la espinaca cocida procesada y escurrida.
4. Saltear unos instantes de manera que el ajo perfume la espinaca. Retirar. Reservar.
5. Colocar en cada tarteleta cocida y desmoldada, una base de espinacas luego un trocito de muzzarella y completar con otra tapa de espinacas.
6. Mezclar el jamón cocido picado con el queso deshidratado rallado.
7. Con una cucharita cubrir la superficie de cada tarteleta con la preparación de queso rallado y el jamón.
8. Llevar al horno hasta que el relleno esté bien caliente y la muzzarella se haya derretido.

Tarteletas de jamón crudo, muzzarella y aceitunas negras

 Fácil 30 minutos 10 a 15 minutos 20 a 30 tarteletas

Ingredientes

*Masa básica para tarteletas
(ver recetas básicas),
cantidad necesaria
Muzzarella rallada, 150 gramos
Crema de leche batida, 4 cucharadas
Aceitunas negras picadas, ¼ de taza
Rodajas de aceitunas negras,
para decorar
Jamón crudo, 200 gramos
Aceite de oliva, 2 cucharadas
Hojas de perejil fresco,
para decorar
Sal y pimienta, a gusto*

Preparación

1. Forrar moldes de tarteletas con la masa y hornearlas. Desmoldar. Reservar.
2. Picar finamente las aceitunas negras.
3. Picar finamente el jamón crudo.
4. Mezclar el jamón crudo con el aceite de oliva, la crema de leche batida, las aceitunas picadas y la muzzarella rallada. Sazonar.
5. Rellenar las tarteletas cocidas con el relleno.
6. Decorar cada tarteleta con una rodaja de aceituna negra y una hoja de perejil fresco.

Tarteletas calientes de queso

 Fácil 30 minutos 20 a 30 minutos 20 a 30 tarteletas

Ingredientes

*Masa básica para tarteletas
(ver recetas básicas),
cantidad necesaria
Queso gruyére, rallado, ½ taza*

*Queso rallado, ½ taza
Yemas, batida, 1
Crema de leche, ¾ de taza
Manteca, 2 cucharaditas
Sal y pimienta, a gusto*

Preparación

1. Preparar las tarteletas como lo indica la receta básica agregándole a la masa la cucharadita de nuez moscada. Cocinarlas y desmoldarlas. Reservar.
2. Acomodar las tarteletas cocidas en una placa para horno.
3. Calentar la crema de leche, la yema batida, el queso rallado, la manteca y el queso gruyére rallado, a baño maría.
4. Revolver, cada tanto, con una cuchara de madera hasta que la preparación se espese.
5. Retirar del fuego, colocar en un bol y salpimentar a gusto.
6. Rellenar cada tarteleta cocida y desmoldada con una porción de la preparación de queso.
7. Llevar al horno hasta que el relleno esté bien caliente y el queso derretido.

Tarteletas de atún y morrones rojos

 Fácil   40 minutos   10 a 15 minutos   20 a 30 tarteletas

Ingredientes

*Masa básica para tarteletas
(ver recetas básicas),
cantidad necesaria
Atún en aceite, 1 lata grande
Mayonesa, 3 cucharadas
Queso crema, 1 pote
Yemas de huevo cocidas, 2
Morrones al natural bien escurridos,
1 lata
Pimentón dulce, ½ cucharadita
Sal y pimienta, a gusto*

Preparación

1. Preparar las tarteletas como lo indica la receta básica agregándole a la masa la ½ cucharadita de pimentón. Cocinarlas, desmoldarlas y reservar.
2. Colocar en la procesadora la mitad del atún junto con la mayonesa, el queso crema y las yemas de huevo cocidas.
3. Procesar bien hasta que no se note el atún. Reservar.
4. Picar el morrón en pequeños trocitos.
5. En un bol colocar la mitad restante del atún junto con la mezcla procesada de mayonesa y el morrón picado. (Reservar una parte del morrón picado para la decoración.)
6. Mezclar bien y sazonar.
7. Rellenar cada tarteleta con la preparación utilizando una manga repostera o simplemente con dos cucharas.
8. Decorar cada tarteleta con un trocito de morrón por encima del relleno.

Tarteletas calientes de choclo

 Fácil 30 minutos 25 a 30 minutos 20 a 30 tarteletas

Ingredientes

Masa básica para tarteletas
(ver recetas básicas),
cantidad necesaria
Choclo amarillo en grano, escurrido,
1 lata
Choclo amarillo cremoso, escurrido,
1 lata
Cebolla, picada, 1 chica
Manteca, 1 cucharada
Azúcar, 1 cucharada
Nuez moscada, a gusto
Sal y pimienta, a gusto
Tiritas finas de morrón rojo y aceitunas
cantidad necesaria para decorar

Preparación

1. Forrar moldes de tarteletas con la masa y hornearlas. Desmoldar. Reservar.
2. Dejar enfriar y desmoldar. Acomodar las tarteletas cocidas en una placa para horno. Reservar.

3. Colocar la manteca en una cacerolita, calentar y rehogar en ella la cebolla picada hasta que se torne transparente.
4. Agregar las dos latas de choclo, el azúcar y la yema, a la cebolla.
5. Colocar el fuego de la hornalla en mínimo y revolver con una cuchara de madera durante aproximadamente 1 minuto.
6. Retirar del fuego y colocar en un bol. Sazonar con sal, pimienta y nuez moscada. Dejar entibiar bien.
7. Rellenar cada tarteleta, cocida y desmoldada, con la preparación de choclo, utilizando una manga repostera con pico grueso o simplemente con la ayuda de dos cucharas.
8. Acomodar las tarteletas en una placa para horno. Reservar.
9. Antes de servir, calentar las tarteletas rellenas en horno fuerte.
10. Retirar del horno e inmediatamente antes de servir, decorar la superficie de cada tarteleta con tiritas de morrón rojo y aceitunas.

TARTAS DULCES

CAPÍTULO 11

Recetas básicas y secretitos

Masa básica de pastel dulce I

 Fácil 20 minutos 2 discos de masa medianos

Ingredientes

Harina, 230 gramos
Polvo para hornear,
  1 y ½ cucharaditas
Azúcar, 100 gramos
Manteca, 100 gramos
Yemas, 2
Leche, 3 cucharadas
Clara, 1
Esencia de vainilla, 1 cucharadita

Preparación

1. Colocar la harina, mezclada con el polvo de hornear sobre la mesada, en forma de anillo.
2. Ablandar la manteca junto con el azúcar hasta formar una pasta.
3. Agregar a la preparación de manteca y azúcar las yemas, la clara y la esencia de vainilla. Mezclar bien.
4. Verter esta preparación en el centro del harina, que está sobre la mesada.
5. Unir, amasando con las manos, hasta formar un bollo liso y homogéneo. Dejar descansar durante 30 minutos antes de utilizar.

Masa básica de pastel dulce II

 Fácil 20 minutos 2 discos de masa medianos

Ingredientes

Harina, 250 gramos
Azúcar, 100 gramos
Manteca, 100 gramos
Yemas, 2
Vino dulce, 2 cucharadas
Esencia de vainilla, 1 cucharadita
Agua, cantidad necesaria

Preparación

1. Colocar la harina sobre la mesada y hacer un hueco en el centro.

2. Ablandar la manteca junto con el azúcar hasta formar una pasta.
3. Agregar las yemas, el vino y la esencia de vainilla a la preparación de manteca y azúcar. Mezclar bien.
4. Verter esta preparación en el centro del harina, que está sobre la mesada.
5. Unir amasando con las manos, mientras se agrega, de a chorritos, la cantidad necesaria de agua a temperatura ambiente, hasta lograr una masa homogénea. Formar un bollo. Dejar descansar 30 minutos.

Paté brisée (con yema y azúcar)

 Fácil 20 minutos 1 disco para tartera mediana

Ingredientes

Harina, 250 gramos
Manteca blanda, 130 gramos
Yemas, 1
Agua fría, 4 a 6 cucharadas
Sal, ¾ cucharadita
Azúcar impalpable, ½ cucharada

Preparación

1. En un bol, tamizar la harina junto con la sal y el azúcar impalpable.

2. Unir con la manteca blanda y frotar con la yema de los dedos hasta granular la preparación.
3. Añadir la yema y unir bien a la preparación.
4. Agregar de a una las cucharadas de agua fría mientras sigue unificando.
5. Trabajar la masa hasta lograr un bollo liso y homogéneo.
6. Cubrir la masa con polietileno y llevar a la heladera unos 20 minutos antes de trabajarla.

Cubierta de galletitas de chocolate y nueces

 Fácil   15 minutos   20 tarteletas (o 1 tarta)

Ingredientes

*Galletitas de chocolate
(tipo "chocolinas"),
pulverizadas, 1 y ¾ tazas
Manteca blanda, 130 gramos
Nueces molidas fino, 3 cucharadas*

Preparación

1. Mezclar todos los ingredientes en un bol.
2. Trabajar con los dedos la masa hasta obtener una especie de "arena húmeda".
3. Utilizar como indique la receta. Este tipo de preparación a base de manteca y elementos secos pulverizados se adhiere a moldes con aro desmontable para facilitar desmoldarlas.

Masa dulce esponjosa para tartas y tarteletas

 Fácil  20 minutos   1 disco de masa mediano

Ingredientes

*Manteca, 100 gramos
Yemas, 2
Azúcar, 3 cucharadas
Ralladura de limón o esencia
de vainilla, a gusto
Vino oporto, 2 cucharadas
Harina leudante, 1 taza*

Preparación

1. Hacer una pasta con la manteca, las yemas, el azúcar, la ralladura o esencia, y el vino oporto.
2. Mezclar la harina leudante rápidamente hasta obtener un bollo liso y bien tierno.

Masa para tarteletas (crocante)

 Fácil 15 minutos · 20 tarteletas (o 1 tarta)

Ingredientes

Manteca, 100 gramos
Yemas, 1
Azúcar, 2 cucharadas
Vinagre, 1 cucharada
Agua fría, 1 cucharada
Ralladura de limón o esencia de
    vainilla, a gusto
Harina, 1 taza y cantidad extra
    necesaria

Preparación

1. Poner la manteca, la yema, el azúcar, el vinagre, el agua y la ralladura de limón o esencia sobre la mesa.
2. Aplastar todo con un tenedor hasta obtener una pasta.
3. Incorporar rápidamente la taza de harina y unir todo en un bollo liso y tierno. Si se pegotea, agregar un poco de harina extra.

Cubierta de galletitas simple

 Fácil 20 minutos 1 cubierta para tortera mediana y alta

Ingredientes

Galletitas de vainilla trituradas,
    1 y ¾ taza
Manteca blanda, 60 gramos
Sal, una pizca

Preparación

1. Una vez molidas las galletitas a elección, colocarlas sobre la mesa junto con la manteca
2. Trabajar la manteca con el polvo de galletitas utilizando las yemas de los dedos hasta granular la preparación.
3. Forrar con la pasta un molde para tarta enmantecado. Presionar con una espátula o una cuchara distribuyendo la masa uniformemente.

Cubierta de bizcochos secos

 Fácil 20 minutos 1 cubierta para tortera mediana y alta

Ingredientes

Bizcochos tipo "Canale" bien
triturados, 1 y ¾ tazas
Esencia de vainilla, 2 gotas
Azúcar, 5 cucharadas al ras
Manteca, 100 gramos
Crema de leche, 1 y ½ pocillo
de café

Preparación

1. En un bol colocar todos los ingredientes y mezclar bien.
2. Colocar la pasta en un molde para tartas (se recomienda utilizar moldes desarmables debido a la fragilidad de esta masa).
3. Con la ayuda de una espátula distribuir la masa forrando el molde con la pasta de manera equitativa y uniforme.
4. Llevar a horno suave hasta que la masa tome firmeza y resistencia (de 15 a 20 minutos). El exceso de cocción o el horno a temperaturas muy fuertes quemaría el bizcocho triturado.
5. Retirar y dejar enfriar bien.
6. Una vez fría, colocar en su interior el relleno a elección.

Masa de galletitas (tipo Express)

 Fácil 20 minutos 1 cubierta para tortera mediana y alta

Ingredientes

Galletitas de chocolate o vainilla
trituradas, 1 y ¾ tazas
Manteca blanda, 60 gramos
Sal, una pizca

Preparación

1. Una vez molidas las galletitas a elección, colocarlas sobre la mesa junto con la manteca.
2. Trabajar la manteca con el polvo de galletitas utilizando las yemas de los dedos hasta granular la preparación.
3. Forrar con la pasta un molde para tarta enmantecado presionando con una espátula o cuchara y distribuyendo la masa uniformemente.

Masa dulce crocante

 Fácil 20 minutos · 1 disco de masa mediano

Ingredientes

Harina común, 1 taza y extra
Azúcar, 2 y ½ cucharadas
Manteca blanda, 125 gramos
Vinagre, 1 cucharada
Agua fría, un chorrito
Yemas, 2

Preparación

1. En un bol colocar las yemas, la manteca, el agua, el vinagre y el azúcar.
2. Con un batidor de alambre o un tenedor, unir los ingredientes hasta lograr una pasta homogénea.
3. Añadir gradualmente la harina mientras sigue mezclando hasta conseguir un bollo liso (si es necesario, agregar más harina extra).
4. Colocar el bollo sobre la mesa enharinada.
5. Estirar con el palo de amasar (también enharinado) hasta lograr un diámetro similar al del molde.
6. Colocar la masa previamente estirada en el molde para tartas.
7. Terminar de estirar la masa en el mismo molde utilizando suavemente la yema de los dedos hasta cubrir la tartera y sus bordes.
8. Prolijar los bordes quitando el excedente de masa con un cuchillo bien filoso.

Masa frola

 Fácil 20 minutos 1 disco de masa y extra para enrejado superior

Ingredientes

Manteca, 200 gramos
Yemas, 4
Azúcar, 6 cucharadas
Ralladura de limón o esencia de vainilla, a gusto
Vino oporto, 4 cucharadas
Harina leudante, 2 tazas

Preparación

1. Hacer una pasta con la manteca, las yemas, el azúcar, la ralladura o esencia y el vino oporto.
2. Mezclar la harina leudante rápidamente hasta obtener un bollo liso y bien tierno.
3. Utilizar como indique la receta.

Masa de almendras y bizcochos secos

 Fácil 20 minutos 20 minutos 1 cubierta para tortera mediana y alta

Ingredientes

Bizcochos secos y dulces, molidos,
1 y ½ tazas
Azúcar, 4 cucharadas
Almendras peladas y procesadas,
4 cucharadas
Manteca derretida, 1/3 de taza

Preparación

1. Mezclar todos los ingredientes hasta obtener un granulado fino y húmedo.
2. Enmantecar un molde desmontable.
3. Luego forrarlo con el granulado, completa y uniformemente, presionando con el revés de una cuchara. Si se usa cocida, cocinar en horno suave.
4. Retirar y dejar enfriar en el molde. Reservar.

Merengue italiano

 Medianamente fácil 20 a 30 minutos 7 a 10 minutos

Ingredientes

Claras, 4
Azúcar, 200 gramos
Agua, cantidad necesaria
Esencia de vainilla, a gusto

Preparación

1. Poner el azúcar en una cacerolita, cubrirla con agua y hacer con ella un almíbar a punto bolita blanda.

2. Simultáneamente, poner en el bol de la batidora las claras y batirlas a "punto nieve".
3. Seguir batiendo mientras se agrega a las claras el almíbar "a punto bolita blanda" en forma de hilo.
4. Una vez agregado todo el almíbar seguir batiendo hasta que el merengue, al enfriarse, se ponga brillante y firme.

Merengue suizo (ideal para decorar)

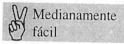 Medianamente fácil   20 a 30 minutos   10 a 15 minutos

Ingredientes

Claras 4
Azúcar, 12 cucharadas
Esencia de vainilla, a gusto

Preparación

1. Poner las claras, la esencia y el azúcar en un bol térmico.
2. Llevar a baño maría y batir con batidora eléctrica hasta que el merengue forme picos duros.
3. Dejar enfriar y utilizar como indique la receta.

Crema chantilly

 Medianamente fácil   10 a 15 minutos

Ingredientes

Crema de leche, 1 pote
Esencia de vainilla, 1 cucharadita
Azúcar, ½ pote

Preparación

1. Batir los ingredientes en un bol hasta que la crema se espese y se torne opaca.
2. Enfriar en la heladera hasta el momento de utilizar.
Para tener en cuenta: si el batido se pasa, la crema se cortará soltando el suero. En este caso, seguir batiendo y descartar el suero. Se habrá obtenido manteca dulce, que puede emplearse para otras preparaciones.

Almíbar

 Fácil según sus puntos

Ingredientes

Agua, 200 gramos
Azúcar, 200 gramos

Preparación

1. Poner en el fuego una cacerolita con el azúcar y el agua.
2. Revolver con cuchara de madera hasta que el azúcar se disuelva. Dejar de revolver en cuanto esto suceda.
3. Continuar hirviendo la preparación hasta que alcance el punto deseado. Para un almíbar liviano que sirva, por ejemplo, para humedecer bizcochuelos, el tiempo es de aproximadamente 3 minutos.

El almíbar y sus puntos

Hilo flojo: tomar un poquito de almíbar caliente con la cuchara de madera. Con cuidado, verter una gota en la yema del dedo índice y juntarlo con la yema del pulgar. Al separar ambos dedos se debe formar un hilo que se romperá fácilmente.
Tiempo de cocción aproximado: 7 minutos.

Hilo fuerte: realizar la misma operación que en el caso anterior. El hilo formado debe ser resistente.
Tiempo de cocción aproximado: 11 minutos.

Bolita blanda: Para reconocer el punto hay que verter unas gotas de almíbar en un vaso con agua fría. El almíbar no debe disolverse y en el fondo del vaso quedará un sedimento pegajoso. Al tomarlo entre los dedos, se puede moldear fácilmente una bolita blanda.
Tiempo de cocción aproximado: 12 minutos.

Bolita dura: el almíbar rápidamente va solidificándose. Un minuto después aproximadamente de llegar al punto bolita blanda, se torna más duro. En el fondo del vaso, al realizar la maniobra del punto anterior, se forma una bolita más dura y consistente.
Tiempo de cocción aproximado: 13 minutos.

Punto caramelo: el almíbar se torna dorado fuerte, color característico del caramelo, aproximadamente 1 minuto después de llegar a punto de bolita blanda. Debe retirarse del fuego en cuanto tome el punto pues de lo contrario se quema y pasa a tomar sabor amargo. Se emplea para acaramelar moldes, para hacer praliné, etc.
Tiempo de cocción aproximado: 14 a 15 minutos.

Crema pastelera (espesa)

Ingredientes

Huevo, 1
Yemas, 2
Azúcar, 200 gramos
Esencia de vainilla, 1 cucharadita
Harina, 3 y ½ cucharadas
Leche, ½ litro

Preparación

1. Batir las yemas junto con el huevo, el azúcar y la harina.
2. Añadir de a poco la leche revolviendo bien.
3. Poner la preparación en una cacerolita y llevar al fuego revolviendo constantemente con cuchara de madera hasta que se espese.
4. Retirar del fuego y seguir revolviendo hasta que se enfríe. Perfumar con esencia de vainilla.

Mermelada reducida

 Fácil 2 minutos 3 a 5 minutos

Ingredientes

Mermelada de damascos
  (u otro sabor), 4 cucharadas
Azúcar, 2 cucharadas
Agua, 6 cucharadas

Preparación

1. Poner todos los ingredientes en una cacerolita.
2. Revolver constantemente sobre el fuego con cuchara de madera hasta que se disuelva y tome punto de almíbar al hilo flojo (ver receta básica).
3. Colar la preparación.
4. Utilizar con un pincel para glasear superficies de frutas, etc.

Crema moka

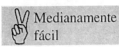 Medianamente fácil 15 a 20 minutos

Ingredientes

Manteca, 200 gramos
Azúcar impalpable tamizada,
  ¾ de taza
Esencia de vainilla, 1 cucharadita
Café instantáneo, 1 cucharada
Coñac, 2 cucharadas
Yemas, 4

Preparación

1. Batir la manteca hasta obtener una crema.
2. Agregar poco a poco el azúcar impalpable y el café instantáneo. Seguir batiendo.
3. Incorporar las yemas de a una por vez.
4. Perfumar con la esencia de vainilla y el coñac y guardar en la heladera hasta el momento de usar.

Sabayón

 Complejo 5 minutos 15 a 20 minutos

Ingredientes

Yemas, 5
Azúcar, 5 cucharadas
Oporto, 5 cucharadas

Preparación

1. Poner los ingredientes en un bol resistente al calor.
2. Llevar al fuego, a baño maría, batiendo vigorosamente con batidor de alambre hasta que la preparación aumente su volumen y se torne esponjosa.
3. Servir tibia o fría o utilizar como relleno, cobertura, etc.

Helado base de crema americana

Ingredientes

Agua, ¾ de taza
Azúcar, 2/3 de taza
Claras batidas a nieve, 3
Crema de leche, 400 gramos
Esencia de vainilla, 1 cucharadita

Preparación

1. Poner el azúcar junto con el agua en una cacerolita. Cocinar hasta que tome punto de hilo fuerte.
2. Verter el almíbar sobre las claras a nieve mientras se bate enérgicamente.
3. Seguir batiendo hasta que el merengue se enfríe.
4. Agregar la esencia de vainilla y la crema previamente batida espesa a la preparación.
5. Verter el helado en un molde y congelar a frío máximo.
Para tener en cuenta: si se desea un helado espumoso, conviene retirar el helado del freezer, cortarlo en trozos, procesarlo y ponerlo nuevamente a congelar.

Secretito: Para hacer rodajas de naranjas caramelizadas, cortar las naranjas en rodajas bien finitas y ponerlas en una sartén honda con una taza de azúcar y una taza de agua, dejando que hiervan a fuego hasta que el agua se evapore y el azúcar se caramelice. No dejar pasar de punto el caramelo para que no se torne amargo. Retirar las rodajas, separarlas bien y dejarlas enfriar sobre rejilla antes de decorar la superficie de una tarta o tarteleta.

CAPÍTULO 12
Tartas frutadas

Tarta mousse de limón

 Compleja — 2 horas — 40 a 50 minutos — 8 a 10 porciones

Ingredientes

Masa brisé, 1 disco grande
Jugo de 4 limones
Ralladura de 2 limones
Manteca, 125 gramos
Azúcar, 380 gramos
Yemas crudas tamizadas, 4
Claras batidas a nieve, 4
Crema chantilly, 1 taza
Cerezas confitadas, cantidad necesaria

Preparación

1. Forrar una tartera grande y algo profunda con el disco de masa. Pincharla y cocinar en horno moderado hasta que esté dorada y crujiente.
2. Colocar aparte en una cacerola el jugo de limón, la ralladura, la manteca y el azúcar. Revolver continuamente hasta que el azúcar se disuelva.
3. Tamizar las yemas en un bol profundo. Verter la preparación de limón caliente sobre las yemas, mientras se revuelve para que no se cocinen.
4. Unir suavemente las claras batidas a nieve.
5. Llevar el bol a baño maría y batir enérgicamente hasta que quede espumoso y espeso como una mousse.
6. Verter la mousse en la tarta cocida y llevar a la heladera hasta el día siguiente.
7. Sacar la tarta de la heladera, decorarla con copos de crema chantilly y cerezas confitadas. Llevar nuevamente a la heladera hasta el momento de servir.

Tarta de naranjas

Compleja	1 y ½ horas	1 hora	8 porciones

Ingredientes

Masa crocante para tarta, 1 disco
Clara de huevo, cantidad necesaria
Azúcar, 1 y ¼ tazas
Huevos, 4
Jugo de naranjas, ½ taza
Jugo de limón, 2 cucharadas
Ralladura de cáscara de naranja,
  1 cucharada
Naranjas caramelizadas (ver receta
  básica), cantidad necesaria

Preparación

1. Poner la masa de tarta en una tartera, pincharla, pincelarla con clara de huevo y cocinarla "a blanco" en una tartera con base desmontable. Reservar.

2. Mezclar en un bol el azúcar, los huevos, el jugo de limón, el jugo de naranja y la ralladura de naranja.

3. Verter la mezcla en la tarta y cocinar en horno moderado aproximadamente 25 minutos.

4. Retirar la base desmontable del molde y apoyar sobre una fuente hasta que la tarta se enfríe.

5. Preparar las naranjas caramelizadas según la receta básica.

6. Una vez fría, decorar con rodajas de naranja caramelizadas y conservar en la heladera hasta el momento de servir.

Tarta de limón y nueces

Medianamente fácil	1 hora	30 a 40 minutos	8 porciones

Ingredientes

Cubierta
Harina, 1 taza
Azúcar rubia, ¼ de taza
Sal, 1 pizca
Manteca fría cortada en trocitos,
  75 gramos
Nueces molidas, ½ taza

Relleno
Azúcar, ¾ de taza
Huevos, 2
Jugo de limón, 3 cucharadas
Ralladura de limón, 1 cucharada
Polvo para hornear, ½ cucharadita
Sal, una pizca
Azúcar impalpable,
  cantidad necesaria

Preparación

Cubierta

1. Mezclar la harina, el azúcar y la sal. Agregar la manteca y las nueces molidas.
2. Amasar hasta obtener un bollo tierno.
3. Estirar la masa y ubicarla en una tartera con base desmontable, generosamente enmantecada.
4. Cocinar la cubierta sin llegar a dorarla. Reservar.

Relleno

5. Mientras se cocina la cubierta, procesar los ingredientes del relleno (menos el azúcar impalpable) y verterlo sobre la tarta aún caliente.
6. Llevar nuevamente la tarta al horno para que el relleno se solidifique y la masa se dore, aproximadamente 20 minutos.
7. Desmontar la base, dejar enfriar y espolvorear la superficie con el azúcar impalpable tamizada.

Tarta hawaiana

 Medianamente fácil   1 hora   30 a 40 minutos   8 porciones

Ingredientes

Masa de tarta crocante, 1 disco
Queso crema, 1 pote grande
Azúcar, 1 y ½ tazas
Ralladura de limón, 1 cucharadita
Crema chantilly, 2/3 de taza
Jugo de naranjas, 6 cucharadas
Huevos, 4
Mango pelado, cortado y fileteado en gajos, 1
Durazno o pelón cortado en gajos finos, 1
Kiwis pelados y fileteados, 2
Frutillas enteras,1 taza
Ananá en almíbar cortado en triángulos pequeños, 1 taza
Mermelada reducida, para abrillantar
Crema chantilly, para decorar

Preparación

1. Hornear la tarta "a blanco" aproximadamente 8 minutos en tartera de base desmontable. Reservar.
2. Mezclar el queso crema, el azúcar y la ralladura de limón en un bol.
3. Añadir la crema chantilly y el jugo de limón.
4. Incorporar los huevos, de a uno por vez, batiendo bien.
5. Volcar la mezcla en la tarta precocida y llevar a horno moderado hasta que los bordes estén firmes y el centro ligeramente blando. Dejar enfriar.
6. Retirar la base con la tarta y dejarla en la heladera hasta el día siguiente.
7. Para decorar, formar una guarda

circular con las rodajas de kiwi alrededor del borde. Ubicar las rodajas de mango armando un círculo interior y otro círculo con las rodajas de durazno (si son de pelón, dejarles la cáscara). Decorar el centro que quedó vacío con las frutillas.

8. Abrillantar las frutas con la mermelada reducida. Hacer una bordura con la crema chantilly en una manga con boquilla rizada y añadir algunos copetes de crema esparcidos por la superficie.
9. Mantener en la heladera hasta el momento de servir.

Tarta de manzanas con cubierta crocante

 Fácil 50 minutos 30 a 40 minutos 8 porciones

Ingredientes

Masa tipo hojaldre, 1 receta
 (ver recetas básicas)
Manzanas sin piel ni semillas, ¾ kilo
Azucar, 5 a 6 cucharadas
Azucar, ½ taza
Harina, ¾ de taza
Manteca, 100 gramos
Canela en polvo, 1 cucharadita
Ralladura de 1 limón

Preparación

1. Forrar la tartera previamente enmantecada y enharinada con la masa hojaldrada bien estirada.
2. Pinchar la totalidad de la masa con un tenedor.
3. Cortar las manzanas en rodajas lo más finas posible.
4. Mojar las rodajas de manzana con el jugo de limón y espolvorearlas con las seis cucharadas de azúcar.
5. Cubrir la base de la tarta con las rodajas de manzana en forma pareja.
6. Colocar sobre la mesa la harina, la ½ taza de azúcar y la manteca.
7. Trabajar los ingredientes con las puntas de los dedos hasta obtener un granulado (No amasar).
8. Cubrir con el granulado la superficie de tarta por sobre las rodajas de manzana.
9. Espolvorear con la canela en polvo.
10. Llevar al horno hasta que la masa esté bien seca y dorada y la superficie de la tarta crujiente y de un tono ligeramente dorado.

Tarta espumosa de frutos del bosque

 Fácil 50 minutos 30 a 40 minutos 8 porciones

Ingredientes

*Masa básica dulce crocante
(ver recetas básicas),
cantidad necesaria*

Relleno
*Moras, 1 taza
Dulce de frutos del bosque,
3 cucharadas
Crema de leche, 200 gramos
Azúcar, 4 cucharadas
Claras batidas a nieve, 2
Yemas, 2*

Preparación

1. Forrar una tartera enmantecada y enharinada, con la masa. Pinchar completamente con un tenedor. Cocinarla en horno caliente, a blanco, sin que se dore.
2. Colocar en un bol las moras y mezclar con el dulce de frutos del bosque.
3. En otro bol batir, hasta que se espese, la crema de leche, el azúcar y las yemas.
4. Añadir esta preparación al bol de moras y frutos. Mezclar.
5. Casi simultáneamente batir las claras a punto nieve.
6. Por último, incorporar poco a poco, y con movimientos envolventes, a la crema de frutos del bosque. Se debe lograr una preparación espumosa.
7. Rellenar la tarta precocida con la espuma obtenida, totalmente y en forma pareja.
8. Cocinar en horno moderado hasta que esté cocida y firme. Retirar del horno y dejar enfriar.
9. Colocar en la heladera y dejar allí hasta el momento de servir. Servir bien fría.

Tarta de frambuesas

 Medianamente fácil   1 hora   20 a 30 minutos   8 porciones

Ingredientes

*Masa básica crocante dulce
(ver recetas básicas),
cantidad necesaria*

Relleno
*Frambuesas procesadas, ¾ kilos
(reservar algunas enteras para decorar)
Crema de leche, batida espesa,
250 gramos (y cantidad extra
para decorar)
Jugo de limón, ¼ de taza
Azúcar, 200 gramos
Gelatina en polvo, de frambuesa o
frutilla, 1 y ½ cucharadas
Agua fría, ¼ de taza
Claras, 3
Yemas batidas, 3*

Preparación

1. Forrar una tartera enmantecada y enharinada, con la masa. Pinchar completamente con un tenedor. Cocinarla en horno caliente hasta que esté dorada y crujiente. Reservar.
2. Colocar las yemas batidas, la mitad del azúcar (100 gramos) y el jugo de limón en una cacerolita.

3. Revolver sobre el fuego con una cuchara de madera, hasta que la preparación se espese, pero con cuidado para que no hierva.
4. Retirar del fuego e inmediatamente verter en un bol.
5. Remojar la gelatina en el agua fría y agregar a la preparación anterior mientras esté caliente. Mezclar bien para que la gelatina termine de disolverse.
6. Dejar enfriar y colocar en la heladera.
7. Mientras tanto batir las claras a nieve. Incorporarles, de a poco y sin dejar de batir, los 100 gramos de azúcar restantes hasta lograr un merengue bien consistente.
8. Por último, retirar el bol de la heladera y unir con suaves movimientos envolventes la crema batida y el merengue logrado anteriormente.
9. Verter la preparación obtenida en la tarta precocida cubriendo en forma uniforme.
10. Colocar en la heladera y dejar enfriar bien. Debe estar bien firme.
11. Antes de servir, retirar de la heladera y decorar con la crema batida y las frambuesas reservadas.

Tarta cremosa de bananas y miel

 Fácil 40 minutos 10 a 15 minutos 8 porciones

Ingredientes

*Masa básica de almendras y
  bizcochos secos (ver recetas básicas)*
*Bananas cortadas en trozos, 2 o 3
  (según el tamaño de las mismas)*
Yemas batidas, 4
*Gelatina en polvo, sin sabor,
  1 cucharada*
Agua fría, ¼ de taza
Azúcar, ½ taza
Claras a nieve, 4
*Crema de leche, batida espesa,
  250 gramos*
Miel, 2 y ½ cucharadas
Manteca, cantidad necesaria

Preparación

1. Enmantecar un molde desmontable. Luego forrarlo con la masa básica de almendras y bizcochos secos, completa y uniformemente, presionando con el revés de una cuchara.
2. Cocinar aproximadamente 10 minutos en horno suave. Reservar y dejar que enfríe.
3. Colocar la crema batida espesa, el azúcar y las yemas batidas en un bol. Mezclar bien.
4. Remojar la gelatina en el agua fría. Disolverla a baño maría. Una vez disuelta, mezclar con la preparación de crema.
5. Luego colocar en la procesadora, las bananas en trozos y la miel. Procesar hasta obtener un puré. Unir a la crema anterior.
6. Por último, mezclarle las claras a nieve con movimientos envolventes.
7. Verter la mezcla rellenando la tarta de almendras y bizcochos ya cocida.
8. Llevar a la heladera y dejar enfriar bien.
9. Desmoldar antes de servir.

Tarta de uvas

 Fácil 30 minutos 25 a 35 minutos 8 porciones

Ingredientes

*Masa básica crocante dulce
(ver recetas básicas),
cantidad necesaria*

*Uvas verdes, cortadas a la mitad
y sin semillas, ¾ kilo*

Harina, ¼ de taza

*Manteca, ¾ de taza (y cantidad
extra para enmantecar tartera)*

Azúcar rubia, ½ taza

*Almendras peladas y procesadas,
¼ de taza*

*Mermelada reducida de uvas,
cantidad necesaria*

Preparación

1. Enmantecar un molde de tarta desmontable. Luego forrarlo con la masa. Pinchar totalmente con la ayuda de un tenedor.

2. Colocar la harina, el azúcar, la manteca y las almendras procesadas sobre la mesada.

3. Con la ayuda de dos cuchillos para que la manteca no se ablande con el calor de las manos, cortar la manteca de modo que se una con los demás ingredientes secos, formando así un granulado grueso.

4. Verter el granulado en la tarta cruda.

5. Hundir, unas al lado de otras, las mitades de uva, de modo que la parte cóncava mire hacia abajo y asomen las medias esferas de uvas en la superficie.

6. Pincelar la tarta por completo con la mermelada de uvas reducida.

7. Colocar la tarta en el piso del horno caliente, aproximadamente 8 minutos, luego pasarla al estante central y cocinar hasta que esté cocida y firme.

8. Retirar del horno y dejar enfriar. Recién entonces desmoldar.

Tarta de kiwis

 Fácil 40 minutos 10 a 15 minutos 8 porciones

Ingredientes

Masa básica crocante dulce
(ver recetas básicas),
cantidad necesaria
Kiwis pelados y cortados en
rodajas finas, 300 gramos
Gelatina en polvo de kiwis o ananá,
1 sobre chico
Mermelada de kiwis,
cantidad necesaria
Crema pastelera espesa
(ver recetas básicas), 3 tazas
Clara batida a nieve, 1
Manteca y harina,
cantidad necesaria para tartera
Crema chantilly, 1 taza
y para decorar

Preparación

1. Forrar una tartera desmontable con la masa básica crocante dulce. Pinchar totalmente con un tenedor. Cocinar hasta dorar. Reservar.
2. Untar toda la superficie de la masa con mermelada de kiwi.

3. Aparte poner en un bol la crema pastelera y la taza de crema chantilly. Mezclar suavemente. Reservar en la heladera.
4. Disolver la gelatina de kiwi en agua caliente, como indica el envase. Una vez fría, llevarla a la heladera hasta que comience a espesarse. Incorporar una taza de esta preparación a la mezcla de crema pastelera.
5. Batir la clara a nieve y añadirla a la preparación con movimientos envolventes.
6. Volcar este preparado en la masa de tarta ya cocida y estacionar en la heladera hasta que se solidifique.
7. Retirar la tarta de la heladera y acomodar las rodajitas de kiwi, de modo que conformen una capa pareja uniforme y decorativa.
8. Verter suavemente el resto de la gelatina de kiwis (que debe estar espesa pero no sólida. Si hubiese solidificado, ablandarla a baño maría).
9. Llevar nuevamente a la heladera hasta que se solidifique totalmente. Decorar con crema chantilly y servir enseguida.

Kuchen de manzanas

 Fácil   🕐 50 minutos   ⏳ 45 minutos   🍊 10 porciones

Ingredientes

Azúcar, 125 gramos y cantidad extra
Harina, 125 gramos
Oporto, 1 cucharada
Manzanas, 3
Compota seca de manzanas,
  azucarada, 2 tazas
Crema pastelera espesa
  (ver recetas básicas), 1 taza
Manteca, 125 gramos
Polvo para hornear, 1 y ½ cucharaditas
Yemas, 3
Claras, 3
Canela en polvo, 2 cucharadas
Nueces molidas, ½ taza
Sal, una pizca
Mermelada de manzanas reducida,
  para abrillantar

Preparación

1. Batir la manteca con el azúcar hasta que esté cremosa. Agregar las yemas de a una por vez. Batir bien. Incorporar el oporto.
2. Batir las claras a nieve.
3. Tamizar la harina junto con el polvo para hornear y la sal.
4. Unir suavemente las claras a nieve al batido de yemas.
5. Incorporar la harina tamizada en forma de lluvia mezclando con movimientos suaves y envolventes.
6. Ubicar la mezcla en dos moldes iguales de tamaño adecuado, enmantecados y enharinados.
7. Pelar las manzanas y cortarlas muy finas. Ubicarlas sobre la superficie de una de las preparaciones. Espolvorearles por encima canela y azúcar.
8. Cocinar ambas partes en horno moderado por aproximadamente ¾ de hora. Retirar, dejar enfriar y desmoldar.
9. Aparte hacer un puré con la compota de manzanas y mezclarla con la crema pastelera. Añadirle las nueces molidas.
10. Poner la capa de bizcochuelo sin manzanas sobre una fuente. Cubrirlo con la crema de manzanas y pastelera.
11. Tapar con la parte de la torta que tiene las manzanas.
12. Abrillantar la superficie con la mermelada de manzanas reducida.

Tarta de almendras y cerezas

 Fácil 40 minutos ⧖ 15 a 20 minutos 8 porciones

Ingredientes

Masa básica crocante dulce (ver
*   recetas básicas), cantidad necesaria*
Azúcar molida, ½ taza
Agua, ½ taza
Claras batidas a nieve, 2
Gelatina en polvo sin sabor,
*   1 y ½ cucharaditas*
Agua fría, 2 cucharadas
Cerezas en mitades, ½ taza
Almendras peladas y picadas, ½ taza
Crema de leche batida espesa,
*   200 gramos*

Preparación

1. Forrar un molde con la masa de tarta. Pinchar la superficie y cocinar hasta que esté dorada y crujiente. Reservar.
2. Mezclar el azúcar con la ½ taza de agua y hervir hasta que se forme un almíbar a punto de bolita blanda.
3. Verter de a poco el almíbar en las claras batidas a nieve mientras se bate enérgicamente hasta unir todo.
4. Seguir batiendo hasta que el merengue esté frío.
5. Disolver la gelatina en las dos cucharadas de agua fría. Añadirla al merengue y batir bien.
6. Incorporar al batido las cerezas, las almendras y la crema de leche.
7. Distribuir en la tarta ya cocida uniformemente y enfriar en la heladera hasta el momento de servir.

Tarta de duraznos

 Fácil 50 minutos 25 a 35 minutos 8 porciones

Ingredientes

Masa básica de almendras y
*   bizcochos secos (ver recetas básicas),*
*   cantidad necesaria*
Duraznos en almíbar, 1 lata
Yemas, 4
Azúcar, ½ taza

Claras batidas a nieve, 4
Crema de leche, batida espesa,
*   250 gramos*
Miel, 2 y ½ cucharadas
Mermelada reducida de duraznos,
*   cantidad necesaria*
Manteca, cantidad necesaria
*   para tartera*

Preparación

1. Enmantecar una tartera desmontable. Forrar con la masa básica de almendras y bizcochos secos, presionando suavemente, con el revés de una cuchara para que quede uniforme y pareja.
2. Cubrir completamente el fondo de la tarta con los duraznos cortados en gajos finos.
3. Pintar la superficie de los duraznos con abundante mermelada reducida de duraznos. Reservar en la heladera hasta el momento de utilizarla.

4. Colocar el azúcar y las yemas en un bol, batir hasta que se espesen y todo esté espumoso y blancuzco.
5. Agregar la crema batida espesa y la miel al bol. Mezclar bien.
6. Por último, mezclar, con movimientos envolventes las claras batidas a nieve.
7. Verter la mezcla sobre los duraznos pintados con mermelada rellenando la tarta en forma pareja.
8. Cocinar en horno moderado hasta que la superficie esté doradita al igual que la masa de bizcochos y almendras.
9. Retirar y dejar enfriar.
10. Una vez fría, llevar a la heladera. Desmoldar cuando se va a servir.

Tarta de naranjas

 Fácil   40 minutos   15 a 20 minutos   8 porciones

Ingredientes

*Masa básica crocante dulce (ver
  recetas básicas), cantidad necesaria*
Jugo de naranjas, ¾ de taza
Gelatina en polvo, sin sabor, 3 cucharadas
Agua fría, ¼ de taza
Yemas, 4
Azúcar, 1 taza
Claras batidas a nieve, 4
Ralladura de 1 limón
*Crema de leche, batida espesa,
  ¾ de taza*
*Manteca y harina, cantidad
  necesaria para tartera*

Preparación

1. Enmantecar y enharinar una tartera desmontable. Forrar con la masa crocante dulce en forma uniforme y pareja. Pinchar completamente.
2. Cocinar hasta que se dore. Reservar y dejar que enfríe.
3. Poner a remojar la gelatina en el agua fría.
4. Colocar las yemas junto con el azúcar en una cacerolita. Batir hasta lograr una preparación espesa y espumosa.
5. Llevar al fuego, verter el jugo de naranjas y revolver continuamente

sobre el fuego, con cuchara de madera hasta que se espese, pero con cuidado de que no llegue a hervir.

6. Retirar del fuego y, en caliente, mezclarle la gelatina hasta que se disuelva bien. Dejar enfriar.

7. Una ver fría la preparación de naranjas, unir a ella la ralladura de limón y las claras batidas a nieve, con suaves movimientos envolventes.

8. Verter la preparación sobre la tarta precocida.

9. Llevar a la heladera hasta que esté bien firme.

10. Retirar y desmoldar antes de servir.

Tarta borrachita de peras

 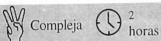 Compleja 2 horas   40 a 50 minutos   8 porciones

Ingredientes

Masa básica tipo hojaldre (ver recetas básicas), cantidad necesaria
Peras, peladas y cortadas a la mitad, 6
Azúcar, 9 cucharadas
Agua, 1 taza
Vino tinto, 2 tazas
Pasas de uva rubias, 1 taza
Jalea de membrillo, cantidad necesaria
Manteca y harina, cantidad necesaria para tartera
Cubierta
Azúcar, ½ taza
Harina, ¾ de taza
Manteca, 100 gramos

Preparación

1. Enmantecar y enharinar una tartera desmontable. Forrar con la masa tipo hojaldre en forma uniforme y pareja. Pinchar completamente. Reservar.

2. Colocar las mitades de peras, el azúcar, el agua y el vino tinto en una cacerolita.

3. Llevar al fuego y cocinar con la cacerolita tapada a fuego bajo hasta que las peras estén bien tiernas.

4. Retirar del fuego y dejar enfriar tapadas en la misma cacerola.

5. Una vez frías las mitades de peras, escurrir bien y picar.

6. Cubrir con las peras picadas el fondo de la tartera forrada con la masa en crudo.

7. Colocar sobre la mesa la harina, la ½ taza de azúcar y la manteca.

8. Trabajar los ingredientes con las puntas de los dedos hasta obtener un granulado. (No amasar.)

9. Cubrir con el granulado la superficie de tarta por sobre las peras.

10. Llevar al horno hasta que la masa esté bien seca y dorada y la superficie de la tarta tome color dorado.

Tarta de frutillas

 Fácil 40 minutos · 20 a 30 minutos 8 porciones

Ingredientes

*Masa básica crocante dulce o
masa frola (ver recetas básicas),
cantidad necesaria*

*Frutillas, limpias y procesadas,
250 gramos*

*Crema de leche batida espesa,
250 gramos*

*Gelatina en polvo sin sabor,
2 cucharadas*

Agua fría, ¼ de taza

Leche, 1 taza de té

Yemas, ligeramente batidas, 4

Azúcar, 220 gramos

Claras batidas a nieve, 4

*Manteca y harina, cantidad
necesaria para tartera*

Preparación

1. Enmantecar y enharinar una tartera desmontable. Forrar con la masa básica en forma uniforme y pareja. Pinchar completamente.

2. Cocinar hasta que se dore. Reservar y dejar que se enfríe.

3. Poner a remojar la gelatina en el agua fría.

4. En una cacerolita colocar la leche, las yemas y el azúcar.

5. Llevar al fuego y revolver continuamente sobre el fuego con una cuchara de madera hasta que se espese, pero sin hervir.

6. Retirar del fuego y, en caliente, mezclarle la gelatina hasta que se disuelva bien. Dejar enfriar.

7. Una ver fría la preparación de yemas, mezclarle las frutillas procesadas y la crema de leche batida espesa.

8. Por último, con suaves movimentos envolventes, unirle las claras batidas a nieve.

9. Verter la preparación sobre la tarta precocida.

10. Llevar a la heladera hasta que esté bien firme.

11. Retirar y desmoldar antes de servir.

Tarta de cerezas al marrasquino

 Fácil 60 minutos 35 a 45 minutos 10 porciones

Ingredientes

Masa básica de bizcochos secos
  (ver recetas básicas),
  cantidad necesaria
Cerezas al marrasquino, procesadas,
  1y ½ tazas (y algunas enteras
  extras para decorar)
Gelatina en polvo de cerezas,
  2 y ½ cucharadas
Agua fría, ¼ de taza
Yemas, ligeramente batidas, 3
Claras batidas a nieve, 3
Azúcar, ¾ de taza
Leche, ½ taza
Manteca, cantidad necesaria
  para tartera
Crema chantilly,
  cantidad necesaria para decorar

Preparación

1. Forrar una tartera desmontable, enmantecada, con la masa básica de bizcochos secos. Hacerlo con la ayuda de una espátula distribuyendo la masa de manera equitativa y uniforme.
2. Llevar a horno suave hasta que la masa tome firmeza y resistencia (de 15 a 20 minutos). El exceso de cocción o el horno a temperaturas muy fuertes quemaría el bizcocho triturado.
3. Retirar y dejar enfriar bien.
4. Remojar la gelatina en agua fría.
5. Colocar las yemas, la leche y el azúcar en una cacerolita. Batir y llevar al fuego, revolviendo continuamente, con una cuchara de madera, hasta que espese pero con cuidado de que no hierva.
6. Retirar del fuego e inmediatamente verter la gelatina disuelta en agua. Revolver para asegurarse que la gelatina se disuelva bien. Verter en un bol y dejar entibiar.
7. Una vez tibia, agregar las cerezas procesadas y mezclar bien. Dejar en la heladera hasta que se enfríe bien y comience a espesarse. Volcarla entonces en la masa de bizcochos y llevarla a la heladera nuevamente para que termine de solidificar. Servir bien fría.

CAPÍTULO 13

Tartas con frutos secos

Tarta de almendras y miel

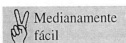 Medianamente fácil 60 minutos 45 minutos 8 porciones

Ingredientes

Masa dulce crocante (ver recetas básicas), cantidad necesaria
Yemas, 2
Azúcar, 5 cucharadas
Miel, ½ taza
Coñac (opcional), 1 cucharada sopera
Esencia de vainilla, ½ cucharadita
Canela en polvo, ½ cucharadita
Almendras bien picadas, 1 taza

Preparación

1. Colocar la masa sobre la tartera enmantecada y enharinada.
2. Estirar la masa cuidadosamente dentro de la tartera cubriendo la base y los bordes. Pinchar la totalidad de la masa con un tenedor.
3. Batir las yemas con el azúcar hasta lograr una crema espesa.
4. Añadir la miel, la esencia de vainilla, la canela, el coñac y las almendras picadas a la mezcla. Mezclar.
5. Verter el relleno en la tartera.
6. Cocinar en horno a fuego moderado hasta que la masa se dore y el relleno esté bien firme.

Tarta de avellanas

 Fácil 50 minutos 5 minutos | 6 porciones

Ingredientes

Cubierta
Galletitas rellenas de chocolate, 15
Manteca blanda, ½ taza
Avellanas tostadas picadas fino,
  3 cucharadas

Relleno
Queso crema, 1 pote
Azúcar, 1 taza
Esencia de vainilla, 1 cucharadita
Crema moka (ver receta básica),
  ¾ de taza y 2 cucharadas extra
Pasta de avellanas (tipo nutella),
  3 cucharadas
Avellanas tostadas pulverizadas,
  ¼ de taza
Crema batida espesa, 1 taza

Varios
Crema chantilly
Virutas de chocolate
Avellanas molido grueso

Preparación

Cubierta
1. Procesar las galletitas y colocarlas en un bol.
2. Añadir la manteca blanda y las avellanas molidas. Mezclar bien hasta obtener una pasta arenosa.
3. Tapizar un molde con aro desmontable con la pasta.
4. Cocinar la cubierta durante 5 minutos en horno moderado. Dejar enfriar y reservar en la heladera.

Relleno
5. Batir el queso crema con el azúcar y la esencia de vainilla.
6. Añadirle poco a poco la crema moka hasta unificar la mezcla.
7. Agregar las avellanas molidas y finalmente con suavidad, incorporar la crema batida.
8. Verter el relleno sobre la cubierta y refrigerar por lo menos durante 6 horas.
9. Retirar de la heladera. Quitarle el aro al molde.
10. Mezclar la crema batida con las dos cucharadas de crema moka y decorar la superficie. Adornar con virutas de chocolate y espolvorear con avellanas molidas.
11. Mantener en la heladera hasta el momento de servir.

Tarta de higos y nueces

Medianamente fácil	1 hora	60 minutos	8 porciones

Ingredientes

Masa básica tipo crocante dulce, precocida
Higos secos, picados, 1 taza
Claras, 3
Dulce de higos, ¾ de taza
Azúcar, 150 gramos
Nueces trituradas, 150 gramos
Canela, 1 cucharadita
Jengibre molido, ¼ de cucharadita
Manteca y harina, cantidad necesaria

Preparación

1. Enmantecar y enharinar una tartera desmontable. Forrarla con la masa. Pinchar completamente con un tenedor.
2. Cocinar en horno fuerte hasta que apenas comience a dorarse. Retirar y reservar.
3. Mezclar el dulce de higos con los higos secos picados. Cubrir el fondo de la tarta precocida en forma pareja.
4. Batir las claras a nieve. Sin dejar de batir, agregar el azúcar en forma de lluvia. Continuar batiendo hasta lograr un merengue firme.
5. Colocar las nueces trituradas, la canela y el jengibre molido en un bol. Mezclar e incorporar, con suaves movimientos envolventes al merengue anterior.
6. Verter este merengue, sobre los higos, cubriendo por completo la superficie de la tarta.
7. Cocinar la tarta en horno caliente hasta que el merengue esté firme y dorado.
8. Dejar enfriar bien antes de desmoldar.

Tarta de almendras y pasas

Medianamente fácil	60 minutos	20 a 30 minutos	8 porciones

Ingredientes

Masa crocante (ver recetas básicas), cantidad necesaria
Pasas de uva sin semilla, picadas, 50 gramos
Huevos batidos, 2
Almendras, peladas y trituradas, 150 gramos
Manteca, 80 gramos (y cantidad extra para enmantecar)
Miel, 1 cucharada
Azúcar, 5 cucharadas
Harina, cantidad necesaria

Preparación

1. Enmantecar y enharinar una tartera desmontable. Forrarla con la masa. Pinchar completamente con un tenedor. Reservar en crudo en la heladera.
2. Colocar en un bol las almendras trituradas, la miel, el azúcar, las pasas picadas y el huevo batido.
3. Derretir la manteca y unir al bol que contiene los demás ingredientes.
4. Verter la preparación sobre la tarta cruda rellenando en forma uniforme.
5. Cocinar en el piso del horno a fuego fuerte durante aproximadamente 6 a 8 minutos. Luego continuar la cocción de la tarta en el estante central del horno hasta que la tarta esté firme, pero húmeda.
6. Dejar enfriar y desmoldar.

Tarta de avellanas

 Fácil 50 minutos 25 a 35 minutos 8 porciones

Ingredientes

*Masa para tarta a elección
(ver recetas básicas),
cantidad necesaria*
*Avellanas peladas y procesadas,
200 gramos*
Yemas batidas, 2
Azúcar, 200 gramos
Esencia de vainilla, 1 cucharadita
Claras a nieve, 2
*Manteca y harina, cantidad
necesaria para molde*

Preparación

1. Forrar una tartera desmontable, enmantecada y enharinada, con la masa. Pincharla completamente. Reservar en crudo.
2. Colocar las avellanas, las yemas batidas, el azúcar y la esencia de vainilla en un bol. Mezclar bien.
3. Unir las claras batidas a nieve con movimientos envolventes a la preparación anterior.
4. Verter el relleno de avellanas en la tarta cruda, de modo que se distribuya en forma uniforme.
5. Cocinar a fuego fuerte en el piso del horno aproximadamente 6 a 7 minutos.
6. Continuar la cocción de la tarta en el estante central del horno hasta que esté cocida, pero mantenga humedad.
7. Dejar enfriar en el molde.
8. Decorar con crema chantilly y un puñado de avellanas peladas.

Tarta de almendras

Ingredientes

*Masa de tarta dulce a elección
(ver recetas básicas),
cantidad necesaria
Almendras peladas y procesadas,
180 gramos
Azúcar, 180 gramos
Cointreau (licor), 1 copita
Manteca derretida, 100 gramos
(cantidad extra para el molde)
Amarettis triturados a polvo, 80 gramos
Yemas batidas, 6
Claras batidas a nieve, 3
Harina, cantidad necesaria
Merengue suizo, cantidad necesaria*

Preparación

1. Forrar una tartera (desmontable) enmantecada y enharinada con la masa. Reservar en crudo.

2. Colocar las almendras procesadas, el azúcar, el polvo de amarettis, el cointreau, la manteca derretida y las yemas batidas en un bol. Mezclar bien los ingredientes.

3. Añadir las claras batidas a nieve con suaves movimientos envolventes.

4. Verter en la tarta cruda en forma pareja y uniforme.

5. Cocinar a fuego fuerte en el piso del horno aproximadamente 6 a 7 minutos.

6. Continuar la cocción de la tarta en el estante central del horno hasta que esté cocida pero mantenga humedad.

7. Retirar y decorar toda la superficie con el merengue suizo en picos.

8. Llevar a horno caliente el merengue suizo hasta que se dore.

9. Retirar del horno y dejar enfriar antes de desmoldar.

CAPÍTULO 14

Tartas de chocolate y café

Tarta de sabayón al café

 Medianamente fácil 60 minutos 15 a 25 minutos 8 porciones

Ingredientes

Masa dulce a elección (ver recetas
   básicas), cantidad necesaria
Sabayón (ver recetas básicas),
   3 tazas
Café instantáneo, 2 cucharadas
Gelatina sin sabor, 1 sobre
Nueces en mitades, para decorar
Crema chantilly, para decorar

Preparación

1. Forrar una tartera enmantecada y enharinada con la masa elegida y cocinarla en horno moderado hasta que esté completamente cocida y dorada. Reservar a temperatura ambiente.
2. Mezclar la gelatina con un poco de agua fría y luego disolverla a baño maría. Incorporarla al sabayón.
3. Añadir el café instantáneo a la mezcla. Mezclar bien.
4. Poner la mezcla en la masa cocida y llevar a la heladera hasta que el relleno se solidifique.
5. Decorar la superficie con mitades de nueces y copetes de crema chantilly.
6. Mantener en la heladera hasta el momento de servir.

Tarta tiramisú

Ingredientes

Masa de tarta esponjosa, 1 disco
Pionono, 1 disco
Queso mascarpone o similar, ½ kilo
Azúcar, 100 gramos
Licor de café, 2 cucharadas
Café instantáneo, 2 cucharadas
Almíbar liviano, ½ litro
Esencia de vainilla, 1 cucharadita
Virutas de chocolate,
  cantidad necesaria
Yemas, 2
Claras batidas a nieve, 2

Preparación

1. Estirar la masa y ubicarla en la tartera.

2. Hornear la tarta en un molde profundo con aro desmontable hasta que quede dorada. Reservar.

3. Batir las yemas con el azúcar hasta que queden cremosas. Añadirles el queso mascarpone, la esencia de vainilla y el licor de café. Mezclar bien.

4. Incorporar las claras batidas a nieve a la preparación.

5. Añadir el café instantáneo al almíbar ya frío. Mezclar para disolverlo bien.

6. Humedecer apenas el fondo de la tarta con almíbar y cubrir con una capa de crema de queso.

7. Esparcir virutas de chocolate en la superficie y tapar con una capa de pionono.

8. Rociar el pionono con almíbar hasta emborracharlo bien. Ubicar encima el resto de la crema de queso cubriendo toda la superficie. Espolvorear con más virutas de chocolate.

9. Mantener en la heladera hasta el momento de servir.

Tarta brownie

 Medianamente fácil 30 minutos 25 a 35 minutos 6 a 8 porciones

Ingredientes

Masa crocante dulce
  (ver recetas básicas),
  cantidad necesaria
Clara de huevo apenas batida,
  cantidad necesaria
Manteca, 150 gramos
Azúcar, 1 taza
Chocolate, 225 gramos
Huevos, 3
Harina, ¾ de taza
Nueces picadas, ½ taza

Preparación

1. Forrar una tartera de 5 centímetros de profundidad con masa. Repulgar los bordes. Pinchar la superficie, pincelarla con clara batida y cocinar "a blanco" en horno moderado. Reservar.

2. Cortar en trocitos el chocolate. Ponerlo en una fuente térmica junto con la manteca y fundir a baño maría o en horno de microondas.

3. Mezclar bien el chocolate con la manteca y reservar.

4. Aparte batir los huevos con el azúcar en un bol hasta que la preparación se espese bien (punto letra).

5. Agregar el chocolate al batido. Seguir batiendo.

6. Añadir las nueces picadas y la harina. Continuar batiendo enérgicamente.

7. Verter la mezcla en la tarta precocida.

8. Cocinar en horno caliente hasta que la superficie se note crocante y el interior esté todavía húmedo. Hundir un palillo para verificar la consistencia del interior.

9. Retirar del horno y dejar enfriar en la tartera.

10. Retirar el aro y servir en porciones.

Para tener en cuenta: si se pasa de cocción, el relleno quedará duro y seco. Es importante verificar cuidadosamente la cocción de la tarta.

Tarta de batatas y chocolate

 Fácil   60 minutos   40 a 50 minutos   10 porciones

Ingredientes

Masa dulce para tarta a elección
  (ver recetas básicas),
  cantidad necesaria
Batatas cocidas con cáscara, peladas
  y tamizadas, 2 tazas
Azúcar impalpable tamizada,
  4 cucharadas
Manteca, 2 cucharadas
Cacao, 2 cucharadas
Esencia de vainilla, 2 cucharaditas
Azúcar molida, cantidad necesaria
Dulce de leche de repostería,
  cantidad necesaria
Nueces molidas, ½ taza
Chocolate cobertura,
  cantidad necesaria
Crema chantilly y cerezas confitadas,
  para decorar.

Preparación

1. Forrar una tartera con disco desmontable, enmantecada y enharinada, con la masa. Cocinar en horno moderado hasta que la masa esté crocante y dorada. Reservar.

2. Mezclar el puré de batatas, el azúcar impalpable, la manteca, el cacao y la esencia de vainilla en caliente. Dejar entibiar.

3. Untar el fondo de la masa con una capa generosa de dulce de leche repostero.

4. Rellenar la tarta con la preparación de batatas y cacao.

5. Colocar en la heladera hasta que el relleno esté firme.

6. Retirar del frío y bañar con hilos de chocolate cobertura. Decorar con copetes de crema chantilly y cerezas confitadas.

7. Mantener en la heladera hasta el momento de servir. Preparada de este modo, la batata se asemeja en sabor al puré de castañas.

Tarta de chocolate y café

 Fácil 40 minutos 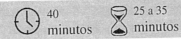 25 a 35 minutos 8 porciones

Ingredientes

Masa de tarta crocante salada a
   elección (ver recetas básicas),
   cantidad necesaria
Chocolate en trocitos, 180 gramos
Café fuerte, ¼ de taza
Azúcar negra, ½ taza y 4 cucharadas
Yemas, 4
Gelatina sin sabor, 1 sobre
Claras batidas a nieve, 4
Crema de leche, 200 gramos
Almendras fileteadas y tostadas,
   para decorar

Preparación

1. Forrar una tartera desmontable, enmantecada y enharinada, con la masa. Pinchar la superficie y cocinarla hasta dorar. Reservar.

2. Disolver el chocolate en una cacerola, junto con el café y la ½ taza de azúcar negra.

3. Verter de a poco sobre las yemas previamente batidas. Batir enérgicamente para ligar los ingredientes.

4. Remojar la gelatina en agua fría y luego disolverla a baño maría. Incorporarla a la preparación anterior.

5. Unir las claras batidas a nieve a la preparación, con movimientos suaves y envolventes.

6. Distribuir la mezcla en la cubierta de masa ya cocida y dejar enfriar en la heladera por lo menos 4 horas.

7. Aparte batir la crema de leche con las 4 cucharadas de azúcar negra hasta que tome punto chantilly.

8. Decorar la superficie de la tarta con copos de crema, salpicar con almendras fileteadas y mantener en la heladera hasta el momento de servir.

Tarta de chocolate y berries

 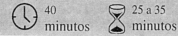
Ingredientes

Masa para tarta esponjosa, 1 disco
Huevo batido, 1
Azúcar, cantidad necesaria
Agua, 1 cucharada
Chocolate semidulce, 100 gramos
Mermelada de berries (grosellas,
frambuesas, frutillas, etc.),
¼ de taza y 1 cucharada
Crema chantilly, ½ taza
y 2 cucharadas
Frambuesas, blueberries u otro fruto
similar, ¾ de taza y cantidad extra
Frutillas, ¾ de taza y cantidad extra
Licor marrasquino, 2 cucharaditas

Preparación

Cubierta
1. Batir el huevo con la cucharada de agua. Reservar.
2. Estirar la masa para tarta y colocarla en una tartera enmantecada. Pincelarla con el huevo batido y espolvorearla con azúcar.
3. Cocinar 20 minutos o hasta que quede cocida y dorada. Dejar enfriar.

Relleno
1. Disolver el chocolate a baño maría.
2. Añadirle las dos cucharadas de crema batida y la cucharada de mermelada. Mezclar bien.
3. Verter el chocolate en el fondo de la tarta.
4. Limpiar bien las frutas y secarlas. Reservar en un bol.
5. Aparte calentar el cuarto de taza de mermelada y verterla sobre las frutas. Mezclar bien y ubicar esta preparación cubriendo totalmente la capa de chocolate. Enfriar durante 1 hora.
6. Añadir el licor a la ½ taza de crema chantilly y decorar la superficie de la tarta con la crema y algunos berries enteros.

CAPÍTULO 15

Tartas de coco

Tarta simple de coco

 Fácil   40 minutos   35 a 45 minutos   8 porciones

Ingredientes

Masa básica crocante dulce
  (ver recetas básicas),
  cantidad necesaria
Coco, 300 gramos
Azúcar, 300 gramos
Yemas batidas, 6
Claras batidas a nieve, 3
Azúcar impalpable, a gusto
Manteca, cantidad necesaria
  para tartera.

Preparación

1. Forrar una tartera enmantecada.
2. Colocar el coco, el azúcar y las yemas batidas en un bol. Mezclar bien.
3. Verter en el bol anterior, las claras batidas a nieve y unirlas a los demás ingredientes con suaves movimientos envolventes.
4. Rellenar la tartera forrada con la mezcla anterior.
5. Espolvorear la superficie de la tarta con azúcar impalpable.
6. Llevar a horno caliente hasta que la preparación esté firme y la superficie dorada.

Tarta cremosa de coco

 Fácil 50 minutos 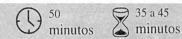 35 a 45 minutos 8 porciones

Ingredientes

Masa básica crocante dulce
(ver recetas básicas),
  cantidad necesaria
Coco, 250 gramos
Azúcar, 250 gramos
Yemas, 5
Crema de leche espesa,
  200 gramos
Esencia de vainilla, a gusto
Manteca y harina,
  cantidad necesaria para tartera
Merengue suizo
(ver recetas básicas),
  para decorar

Preparación

1. Enmantecar y enharinar una tartera desmontable. Forrarla con la masa básica crocante dulce. Pincharla totalmente con un tenedor. Reservar en la heladera.

2. Mezclar el coco, el azúcar, las yemas y la escencia de vainilla en un bol.

3. Unir la crema de leche batida espesa a los ingredientes anteriores. Mezclar bien.

4. Retirar la tartera con la masa en crudo de la heladera y rellenar con la preparación de coco.

5. Colocar en el piso del horno a fuego fuerte durante aproximadamente de 6 a 7 minutos.

6. Luego continuar la cocción de la tarta en el estante central a horno moderado hasta que la preparación esté firme.

7. Retirar y decorar con el merengue suizo.

8. Desmoldar una vez fría.

Tarta de coco y dulce de leche

 Fácil 50 minutos 35 a 45 minutos 6 a 8 porciones

Ingredientes

*Masa básica crocante dulce
(ver recetas básicas),
cantidad necesaria
Coco, 250 gramos
Azúcar, 200 gramos
Huevos, 4
Dulce de leche
Harina y manteca, cantidad
necesaria para tartera*

Preparación

1. Enmantecar y enharinar una tartera, desmontable. Forrarla con la masa básica crocante dulce. Pincharla totalmente con un tenedor. Reservar en la heladera.
2. Mezclar el coco, el azúcar y los huevos en un bol.
3. Retirar la tartera con la masa en crudo de la heladera y untar el fondo de la tarta en crudo con una capa de dulce de leche (para que la masa no se rompa a medida que colocamos el dulce de leche, hacerlo en pequeñas cantidades y esparciéndolo con la ayuda del revés de una cuchara mojada en agua. Repetir la operación y mojar la cuchara, cada vez que se coloca una porción de dulce).
4. Luego, verter sobre el dulce de leche. la preparación de coco.
5. Colocar en el piso del horno, a fuego fuerte, durante aproximadamente de 6 a 7 minutos.
6. Luego continuar la cocción de la tarta en el estante central a horno moderado. Hasta que la preparación esté firme.
7. Retirar y decorar con el merengue suizo si se desea .
8. Desmoldar una vez fría.

Tarta de coco y frutas

 Fácil 50 minutos 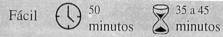 35 a 45 minutos 8 porciones

Ingredientes

*Masa básica crocante dulce
  (ver recetas básicas),
  cantidad necesaria
Coco rallado, 1 y ½ tazas
Nueces, peladas y molidas, ¼ de taza
Pasas de uvas, rubias, ¼ de taza
Azúcar, 1 y ½ tazas
Huevos, 4
Manteca y harina, cantidad
  necesaria para tartera*

Preparación

1. Forrar una tartera desmontable, enmantecada y enharinada, con la masa crocante. Estirándola con la ayuda de las manos enharinadas. Pinchar completamente y reservar en crudo.
2. En un bol, mezclar el coco con el azúcar, las nueces y las pasas.
3. Por último, agregar los huevos batidos y mezclar bien.
4. Rellenar la tartera forrada con masa en crudo con esta preparación de coco.
5. Cocinar la tarta en el piso del horno a fuego moderado durante 10 minutos.
6. Subir el fuego a fuerte, pasar la tarta al estante central y continuar la cocción de la tarta hasta que el relleno esté firme con cuidado de que no se reseque.
7. Retirar y dejar enfriar en el molde antes de desmoldar.

Tarta de coco y cerezas

 Fácil 50 minutos 35 a 45 minutos 8 porciones

Ingredientes

*Masa dulce crocante (ver recetas
  básicas), cantidad necesaria
Coco rallado, 1 taza
Azúcar, 1 y taza
Yemas, ligeramente batidas, 4*

*Cerezas al marrasquino, descarozadas
  y cortadas en 4, ¾ de taza
Claras batidas a nieve, 3
Mermelada de cerezas o frambuesas,
  cantidad necesaria
Manteca y harina, cantidad
  necesaria para tartera*

Preparación

1. Forrar una tartera desmontable enmantecada y enharinada con la masa crocante. Estirándola con la ayuda de las manos enharinadas. Pinchar completamente y reservar en crudo.
2. Colocar el coco rallado junto con el azúcar y las yemas batidas en un bol.
3. Agregar las cerezas al marrasquino cortadas a la mezcla de coco, y luego unir las claras batidas a nieve, mezclando con suaves movimientos envolventes.

4. Pintar el fondo de la tartera, forrada con masa en crudo, con la mermelada de cerezas o frambuesas. Formar una capa fina y uniforme.
5. Verter la preparación de coco y cerezas sobre la mermelada.
6. Cocinar la tarta en el piso del horno a fuego moderado durante 10 minutos.
7. Subir el fuego a fuerte, pasar la tarta al estante central y continuar la cocción de la tarte hasta que el relleno esté firme pero húmedo.
8. Retirar y dejar enfriar en el molde antes de desmoldar.

Tarta "coquitos"

 Medianamente fácil   50 minutos   30 a 45 minutos   6 porciones

Ingredientes

*Masa dulce crocante o esponjosa
 (ver recetas básicas),
 cantidad necesaria
Coco seco rallado, 300 gramos
Azúcar, 300 gramos y cantidad extra
Yemas, 9
Mermelada reducida,
 cantidad necesaria*

Preparación

1. Forrar una tartera desmontable, enmantecada y enharinada, con la masa. Pinchar completamente y cocinar "a blanco". Reservar.

2. Mezclar el coco con el azúcar.
3. Añadir las yemas de a poco amasando hasta obtener una pasta maleable. Si queda chirle, añadir azúcar y, si queda demasiado dura, incorporar otra yema.
4. Moldear porciones de pasta con forma de "coquitos" (o poner la pasta en una manga con boquilla muy grande y rizada y hacer copitos).
5. Apoyar los coquitos sobre la tarta precocida, previamente untada con mermelada reducida y cocinar en horno caliente hasta que estén apenas dorados por fuera y húmedos por dentro, y la masa de tarta esté dorada.
6. Dejar enfriar en la tartera y luego des-moldar y pintar con mermelada reducida.

CAPÍTULO 16
Tartas de queso

Cheese cake de coco

 Fácil 40 minutos  45 a 60 minutos 8 a 10 porciones

Ingredientes

Cubierta dulce de galletitas
  (ver recetas básicas),
  cantidad necesaria
Queso crema, 1 pote grande
Azúcar, 1 y ½ tazas
Sal, 1 pizca
Esencia de vainilla, 1 cucharadita
Huevos, 5
Coco rallado, 1 y ½ tazas

Preparación

1. Forrar un molde con aro desmoldable con la cubierta de galletitas. Reservar en la heladera.
2. Batir el queso crema con el azúcar, la pizca de sal y la esencia de vainilla.
3. Adicionarle el coco rallado.
4. Añadir los huevos de a uno por vez.
5. Verter la mezcla en la tartera y cocinar en horno moderado hasta que la superficie esté apenas dorada.
6. Retirar y dejar enfriar. Llevar a la heladera hasta el día siguiente.
7. Para servir, pasar un cuchillo por el borde del aro para despegar la cubierta y luego desmoldar.

Cheese cake de frutillas

 Fácil   🕐 30 minutos   ⏳ 45 minutos   🍊 6 a 8 porciones

Ingredientes

Ricota, 600 gramos
Azúcar, 100 gramos
Esencia de vainilla, 1 cucharadita
Huevos, 3
Pasas de uva, 2 cucharadas
Sal, una pizca
Azúcar impalpable,
  cantidad necesaria

Preparación

1. Procesar la ricota para que no le queden grumos.

2. Batir en un bol las yemas de huevo con el azúcar hasta que estén espumosas.
3. Añadir la ricota y la esencia de vainilla a las yemas. Mezclar bien.
4. Pasar las pasas por harina y agregarlas al batido.
5. Batir las claras a nieve con la pizca de sal. Incorporarlas suavemente a la mezcla anterior.
6. Verter la mezcla en una fuente para horno enmantecada y enharinada.
7. Cocinar en horno moderado hasta que esté cocido y levemente dorado.
8. Retirar. Dejar enfriar y espolvorear con azúcar impalpable tamizada. Servir de la misma fuente.

Cheese cake de naranja

 Fácil   40 minutos   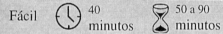 50 a 90 minutos   10 a 12 porciones

Ingredientes

Cubierta
Galletas integrales, 11
Azúcar, 2 cucharadas
Claras, 1 cucharada
Manteca blanda, 2 cucharadas
Jugo de naranjas, 2 cucharadas

Relleno
Queso crema, 2 y ½ tazas
Crema de leche, 1 taza
Azúcar, ¾ de taza
Licor de naranjas, ¼ de taza
Jugo de naranja concentrado, 3 cucharadas
Huevos enteros, 1
Ralladura de cáscara de naranja,
  2 cucharadas

Claras de huevo, 2
Harina, 2 cucharadas
Fécula de maíz, 1 cucharada
Sal, 1 pizca

Varios
Gajos de naranja, cantidad necesaria
Kinoto o damasco, 1
Baño de azúcar liviano,
    cantidad necesaria
Licor de naranjas, 2 cucharadas
Almendras tostadas fileteadas,
    cantidad necesaria
Hojitas de menta, optativo

Preparación

Cubierta
1. Enmantecar el molde.
2. Procesar las galletas hasta que queden migas pequeñas. Poner en un bol.
3. Añadir el azúcar, la clara, la manteca blanda y el jugo a la preparación. Mezclar bien para amalgamar todos los ingredientes. Si no se obtiene una pasta compacta, añadir más jugo.
4. Forrar el fondo y las paredes del molde con la cubierta. Dejar descansar en la heladera.

Relleno
5. Procesar la crema y el queso crema hasta que estén cremosos.
6. Añadir el azúcar, el licor, el jugo de naranja concentrado, la ralladura de naranjas, el huevo entero, las claras, la harina, la fécula de maíz y la sal. Procesar hasta unir bien todo.

7. Verter en el molde con la cubierta y cocinar por durante 1 hora y 20 minutos o hasta que esté cocido.
8. Apagar el horno y dejarlo reposar en el interior 30 minutos más.
9. Llevar a la heladera durante 4 horas o más.
10. Desmoldar 1 hora antes de servir.

Decoración
11. Distribuir los gajos de naranjas en la superficie, en forma concéntrica.
12. Mezclar el licor con el baño azucarado y verterlo sobre los gajos de naranja.
13. Espolvorear con almendras fileteadas el borde del cake.
14. Poner en el centro el kinoto (o el damasco) y una hojita de menta.

Para tener en cuenta
- El cheese cake se cocina en horno moderado para evitar que se reseque.
- Para desmoldarlo fácilmente, en cuanto se saca del horno, hay que pasarle un cuchillo por los bordes y ponerlo boca abajo sobre la fuente en que se va a servir, dejándolo descansar 2 horas antes de desmoldar.
- Los moldes antiadherentes son ideales para hacer cakes, ya que permiten que se desmolde fácilmente.
- El queso cottage puede reemplazarse por ricota.
- El jugo concentrado de naranjas puede hacerse con jugo en polvo y poco agua.

Cheese cake de frutillas

 Fácil 40 minutos 50 a 60 minutos 8 a10 porciones

Ingredientes

Cubierta

*Cubierta de galletitas sin cocción
(ver recetas básicas),
cantidad necesaria*

Relleno

Queso cottage, 3 tazas
Queso crema, 1 y ½ tazas
Crema de leche, 1 taza
Azúcar, 1 taza
Huevo entero, 1
Claras de huevo, 2
Fécula de maíz, 3 cucharadas
Jugo de limón, 2 cucharadas
Ralladura de limón, 1 cucharada
Esencia de vainilla, 1 cucharadita
Sal, una pizca
Mermelada de frutillas, 7 cucharadas

Preparación

Cubierta

1. Forrar una tartera siguiendo las indicaciones de la receta básica.
2. Poner el molde en la heladera mientras se prepara el relleno.

Relleno

1. Prensar el queso cottage para que suelte el suero. Procesarlo hasta que quede cremoso. Ponerlo en un bol.
2. Añadir la crema de leche, el queso crema, el azúcar, el huevo entero, las claras, la fécula de maíz, el jugo de limón, la ralladura de limón la esencia de vainilla y la sal.
3. Batir a mano o con batidora manual hasta que esté espumoso.
4. Verter la preparación en el molde forrado con la pasta de galletitas.
5. Derretir la mermelada de frutillas en una cacerolita a fuego suave y distribuirla sobre la superficie del relleno en forma despareja.
6. Cocinar aproximadamente 1 hora o hasta que esté firme. Dejar reposar en horno apagado 30 minutos.
7. Enfriar por lo menos 6 horas antes de servir.

Cheese cake de nueces

 Fácil 50 minutos 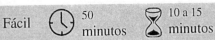 10 a 15 minutos 8 a 10 porciones

Ingredientes

Cubierta

Bizcochos dulces secos molidos (tipo Canale), 1 taza
Amarettis molidos, 1 taza

Relleno

Gelatina en polvo sin sabor, 2 cucharadas
Agua fría, ¼ de taza
Yemas, 2
Sal, una pizca
Leche, ½ taza
Azúcar molida, 1 taza
Azúcar negra, 1 taza
Jugo de limón, 2 cucharadas
Jugo de naranjas, 2 cucharadas
Ricota, 450 gramos
Esencia de vainilla, 2 cucharaditas
Nueces molidas fino, ½ taza
Claras a nieve, 2
Crema de leche batida espesa, 200 gramos

Preparación

Cubierta

1. Aplastar los bizcochos y los amarettis con el palote. Mezclarlos bien.
2. Extender la mitad de la mezcla en el fondo de un molde desarmable.
3. Llevar el molde a la heladera mientras se prepara el relleno.

Relleno

1. Remojar la gelatina en el agua fría.
2. Colocar en una cacerola las 2 yemas batidas. Agregar la leche y la sal.
3. Revolver constantemente hasta que se espese y forme un velo en la cuchara de madera, pero sin que llegue a hervir, pues se cortará.
4. Retirar del fuego y agregar el azúcar blanca y negra.
5. Batir mientras se agregan los jugos de cítricos.
6. Colocar nuevamente al fuego y espesar sin que llegue a hervir.
7. Retirar del fuego, añadir la gelatina y mezclar bien.
8. Añadir las nueces molidas. Mezclar.
9. Llevar a la heladera hasta que la crema se espese.
10. Retirar la crema de la heladera, batirla con batidor para que quede espumosa y añadirle, mientras se sigue batiendo, la ricota previamente procesada y la esencia de vainilla.
11. Incorporar la crema de leche. Mezclar bien.
12. Por último, incorporar las claras batidas a nieve mezclando con movimientos envolventes. Rellenar el molde con la preparación.
13. Cubrir la superficie con el resto de los bizcochos molidos.
14. Dejar en la heladera hasta que esté bien firme. Desmoldar con cuidado, retirando el aro primero.

Cheese cake de café

 Fácil   40 minutos 45 a 60 minutos · 8 a10 porciones

Ingredientes

Cubierta
Copos de cereal, 1 taza
Nueces peladas, 3 cucharadas
Azúcar, 2 cucharadas
Manteca, cantidad necesaria

Relleno
Café instantáneo, 2 y ½ cucharadas
Licor de café, 2 y ½ cucharadas
Queso cottage, 2 tazas
Queso crema, 1 y ½ tazas
Crema de leche, 1 y 1/3 tazas
Azúcar, 1 y ½ tazas
Harina, 6 cucharadas
Huevos, 2
Claras de huevo, 2
Cacao amargo, 1 y ½ cucharadas
Sal, una pizca
Ralladura de cáscara de limón,
   ½ cucharadita
Chocolate en rama, para decorar

Preparación

Cubierta
1. Enmantecar un molde redondo generosamente. Aparte pasar por la procesadora todos los ingredientes de la cubierta hasta lograr una mezcla homogénea, pero no demasiado pulverizada.
2. Tapizar el fondo y los costados del molde con la mezcla presionando bien para que se adhiera. Reservar en la heladera.

Relleno
1. Disolver el café instantáneo en el licor.
2. Escurrir el queso cottage para que no quede suero. Colocar en la procesadora y procesar hasta que esté bien cremoso.
3. Agregar el queso crema, la crema, el azúcar, la harina, los huevos, las claras, el cacao, la pizca de sal, la ralladura de limón y la mezcla de licor y café.
4. Procesar hasta que esté ligado todo.
5. Verter el relleno en el molde forrado con la cubierta y cocinar aproximadamente durante 1 hora.
6. Apagar el horno y dejar el cheese cake dentro del mismo 30 minutos más.
7. Retirar, cubrir con film de polietileno y enfriar en la heladera hasta el momento de servir (por lo menos 4 horas).
8. Desmoldar y decorar con chocolate en rama.

CAPÍTULO 17
Tartas heladas

Tarta helada de chocolate

 Medianamente fácil 1 y ½ horas 10 porciones

Ingredientes

Galletitas de chocolate pulverizadas, 3 tazas
Manteca blanda, 100 gramos
Azúcar, ½ taza y 4 cucharadas
Crema de leche, 200 gramos
Cacao dulce, 1 taza
Claras batidas a nieve, 4
Crema chantilly, para decorar
Mitades de nueces, para decorar

Preparación

1. Mezclar en un bol las galletitas pulverizadas, la manteca blanda y la ½ taza de azúcar, frotándola entre las manos hasta que todo parezca arena húmeda.

2. Forrar un molde con aro desmontable con la preparación, presionando bien con el dorso de una cuchara para obtener un espesor parejo. Reservar en la heladera.

3. Aparte batir la crema de leche con las cuatro cucharadas de azúcar y el cacao hasta que espese, pero sin llegar a crema chantilly.

4. Unir suavemente a la preparación anterior las cuatro claras batidas a nieve.

5. Volcar la mezcla en el molde con la cubierta de galletitas y llevar al freezer hasta que esté bien frío y firme.

6. Servir adornado con un copo de crema chantilly y media nuez.

Tarta de peras al chocolate

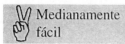 Medianamente fácil 1 y ½ horas 5 minutos 10 porciones

Ingredientes

*Cubierta de galletitas a elección
(ver recetas básicas),
cantidad necesaria
Peras al natural, 1 lata
Chocolate, 250 gramos
Manteca, 125 gramos
Yemas, 3
Azúcar impalpable, 100 gramos
Almendras fileteadas y tostadas,
½ taza
Mermelada reducida,
cantidad necesaria
Crema de leche batida espesa,
100 gramos y 2 cucharadas*

Preparación

1. Forrar un molde con aro desmoldable con la cubierta de galletitas. Reservar en la heladera.

2. Disolver el chocolate en trocitos junto con 2 cucharadas de crema de leche a baño maría.

3. Aparte batir la manteca con el azúcar impalpable hasta obtener una crema.

4. Agregar las yemas, de a una por vez, batiendo muy bien luego de cada adición a la crema de manteca.

5. Añadir el chocolate derretido y frío y batir bien.

6. Incorporar suavemente la crema de leche y verter la preparación sobre la cubierta de galletitas. Llevar a la heladera hasta que la crema esté firme.

7. Cortar las peras en gajos finos. Secarlas con papel de cocina y disponerlas sobre la crema fría en forma decorativa.

8. Pincelarlas con mermelada reducida.

9. Espolvorearlas con las almendras fileteadas.

10. Llevar la tarta a la heladera hasta el día siguiente. Retirarla en el momento de servir.

Tarta chiffon al marrasquino

 Compleja 1 hora 25 minutos 10 porciones

Ingredientes

Base
Copos de maíz, triturados con el palote, 2 tazas (medidas después de molerlos)
Azúcar, 1/3 de taza
Manteca derretida, 100 gramos

Crema
Gelatina en polvo sin sabor, 1 cucharada (7 gramos)
Agua fría, ¼ de taza
Azúcar, ½ taza
Sal, un poquitito
Yemas, 3
Leche, 1 y ¼ de taza
Licor marrasquino, 3 cucharadas
Claras, 3
Crema de leche, 100 gramos

Varios
Rulos de chocolate o chocolate en rama, un puñado
Cerezas al marrasquino, 1 frasco chico

Preparación

Base
1. Poner los copos triturados, el azúcar y la manteca derretida sobre la mesa.
2. Frotar todo con las manos hasta que tenga la apariencia de una arena húmeda y gruesa.
3. Enmantecar un molde desarmable de tamaño mediano. De lo contrario puede hacerlo en una tartera y servirlo sin desmoldar.
4. Volcar la mezcla de copos dentro del molde enmantecado y, con el revés de una cuchara, presionar la mezcla hasta forrar el molde en forma pareja.
5. Cocinar en horno mínimo durante 15 minutos. Retirar y dejar enfriar en el molde.

Crema
6. Remojar la gelatina en agua fría.
7. Batir las yemas con la sal y 2 cucharadas del azúcar y, cuando estén espumosas, agregar la leche con la gelatina remojada.
8. Revolver continuamente sobre el fuego con cuchara de madera hasta que la preparación se espese un poco, pero sin hervir.
9. Retirar la crema del fuego, colar en otro recipiente y revolver de vez en cuando para que espese en forma pareja. Perfumar con el marrasquino y enfriar en la heladera.
10. Batir las claras a punto de nieve.
11. Agregar a las claras batidas, poco a poco, el azúcar restante, mientras se continúa batiendo hasta que el merengue haga picos duros.

7. Aparte batir la crema de leche hasta que se espese, pero sin llegar a tomar punto chantilly.

8. Retirar la crema de yemas y azúcar de la heladera. Adicionarle primero la crema de leche y luego el merengue muy suavemente.

9. Rellenar con esta crema el molde forrado con la cubierta de copos, azúcar y manteca.

10. Llevar a la heladera hasta que la torta esté bien firme.

11. Desmoldar y decorar el centro del postre con rulos de chocolate y el borde con cerezas al marrasquino.

Tarta de chocolate y nueces

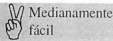 Medianamente fácil   1 y ½ horas   10 minutos   10 porciones

Ingredientes

*Cubierta de galletitas a elección
(ver recetas básicas),
cantidad necesaria
Chocolate, 150 gramos
Azúcar, 100 gramos
Leche, ½ taza
Yemas batidas, 4
Crema de leche batida espesa,
250 gramos
Nueces molidas, ½ taza
Crema chantilly y mitades de nueces,
para decorar*

Preparación

1. Forrar un molde con aro desmontable con la cubierta de galletitas. Reservar en la heladera.

2. Derretir el chocolate en una cacerolita junto con la leche y el azúcar.

3. Verterlo, poco a poco, sobre las yemas previamente batidas.

4. Llevar nuevamente al fuego hasta que se espese, pero sin que llegue a hervir, para evitar que se corte.

5. Verter la preparación de chocolate sobre las claras batidas a nieve, mientras se mezcla con suavidad.

6. Espolvorear las nueces molidas sobre la mezcla y unir bien.

7. Finalmente, incorporar la crema de leche batida espesa y verter la mezcla en la tartera forrada con galletitas.

8. Llevar al freezer o al congelador hasta que esté fiime.

9. Antes de servir, retirar el aro desmontable y decorar la superficie con crema chantilly y mitades de nueces. Se sirve cortado en tajadas.

Tarta helada de naranjas

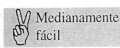 Medianamente fácil   1 y ½ horas   10 porciones

Ingredientes

*Cubierta de galletitas dulces
(ver recetas básicas),
cantidad necesaria*
Naranjas, 8
Yemas, 6
Claras batidas a nieve, 3
Fécula de maíz, 1 cucharada
Azúcar, ¾ de taza
Jugo de ½ limón
Manteca, 2 cucharadas
Crema chantilly, 1 taza
*Cáscaras de naranjas abrillantadas,
(ver recetas básicas), a gusto*

Preparación

1. Forrar un molde con aro desmontable con la cubierta de galletitas elegida. Reservar en la heladera.
2. Exprimir y colar el jugo de las naranjas.
3. Colocar las yemas tamizadas, el jugo de naranjas, la fécula de maíz, el azúcar y el jugo de limón en una cacerola.
4. Llevar a fuego fuerte, revolviendo hasta que hierva y se espese. Retirar del fuego.
5. Añadir la manteca y derretirla en la mezcla.
6. Verter, poco a poco, las claras batidas a nieve en la mezcla caliente, mientras se revuelve con suavidad para obtener una espuma.
7. Rellenar la cubierta de galletitas con la crema de naranjas. Una vez fría, llevarla al freezder hasta que esté firme pero no dura.
8. Retirar del freezer, decorar con copos de crema chantilly y tiritas de cáscara de naranjas acarameladas. Servir enseguida.

Tarta helada de nueces y café

 Fácil 50 minutos · 10 porciones

Ingredientes

Cubierta de masa esponjosa dulce,
  cantidad necesaria
Claras, 4
Azúcar, 10 cucharadas
Yemas, 4
Café instantáneo, 2 cucharadas
Crema de leche, batida espesa,
  200 gramos
Infusión de café, azucarada, 1 taza
Nueces peladas y picadas, 1 taza y
  mitades de nuez para decorar
Chocolate en virutas, 1 taza y
  para decorar

Preparación

1. Forrar una tartera con la masa, pincharla con tenedor y cocinarla hasta que esté dorada. Reservar.
2. Batir las claras a punto nieve.
3. Incorporar el azúcar poco a poco, seguir batiendo hasta que el merengue haga picos duros.
4. Batir las yemas con las dos cucharas de café instantáneo.
5. Incorporar al merengue junto con la crema de leche batida espesa.
6. Cubrir el fondo de la tarta cocida con una capa de la crema de café. Espolvorear con las nueces molidas.
7. Extender otra porción de crema. Esparcir encima el chocolate.
8. Extender una última capa de crema. Decorar la superficie con mitades de nueces y virutas de chocolate.
9. Colocar el molde en la heladera hasta el día siguiente.
10. Retirar del frío en el momento de servir.

Tarta chiffon de ananá

Ingredientes

*Cubierta de galletitas dulces
a elección, cantidad necesaria*
*Gelatina en polvo sin sabor,
2 cucharadas*
Agua fría, ¼ de taza
Yemas, 4
Azúcar, ½ taza
Esencia de vainilla, 1 cucharadita
Claras batidas a nieve, 4
Crema de leche, 300 gramos
Ananás al natural, 1 lata
Crema chantilly, cantidad necesaria
Cerezas confitadas, 3

Preparación

1. Forrar una tartera con aro desmoldable con la cubierta de galletitas. Reservar en la heladera.
2. Poner la gelatina en una cacerolita y remojarla con el agua fría. Llevar a baño maría para disolverla.

3. Batir las yemas con ¼ de taza de azúcar hasta que estén espumosas.
4. Añadirles la esencia de vainilla y la gelatina disuelta. Mezclar bien.
5. Incorporar en forma de lluvia el resto del azúcar a las claras batidas a nieve, mientras se bate hasta lograr un merengue duro.
6. Unir el merengue al batido de yemas.
7. Añadir la crema de leche con movimientos suaves.
8. Escurrir y secar el ananá y picarlo fino (dejar tres rodajas reservadas aparte). Añadirlo a la crema.
9. Llevar a la heladera hasta el día siguiente o hasta que se note firme.
10. Retirar de la heladera, decorar con las tres rodajas de ananá enteras reservadas y poner en el centro de cada una una guinda confitada.
11. Retirar el aro desmontable y decorar el contorno con copetes de crema chantilly.
12. Dejar en la heladera hasta el momento de servir.

Tarta merengada

 Medianamente fácil   1 y ½ horas   10 porciones

Ingredientes

*Cubierta de galletitas de vainilla,
    cantidad necesaria*
Crema de leche, 400 gramos
Cerezas al marraschino, ½ taza
*Nueces molido grueso, ½ taza y
    para decorar*
*Chocolate en rama (o en virutas),
    1 taza*
Azúcar, 8 cucharadas
*Merengue italiano
    (ver recetas básicas),
    cantidad necesaria*

Preparación

1. Forrar un molde con aro desmontable con la cubierta de galletitas. Reservar en la heladera.
2. Batir la crema con el azúcar hasta que esté bien espesa.
3. Añadirle las nueces molidas, las cerezas escurridas y cortadas en mitades y el chocolate en rama.
4. Verter la mezcla en el molde y llevar al congelador o freezer hasta que esté firme.
5. En el momento de servir, cubrir la superficie con copos de merengue italiano, ubicar el molde en una asadera con agua y cubitos de hielo y darle un golpe de horno caliente (si es en la parrilla del horno, mejor) para dorar el merengue o, si tiene soplete, dorarlo a soplete. Se debe dejar apenas unos segundos en el horno o se derretirá el helado.
6. Retirar el aro, cubrir los costados con nueces molidas y servir enseguida.

CAPÍTULO 18

Tartas mousse

Tarta mousse de limón

 Medianamente fácil 60 minutos 35 a 45 minutos 8 porciones

Ingredientes

Masa crocante dulce (ver recetas básicas), cantidad necesaria
Yemas, 3
Azúcar, 1 taza
Ralladura de 1 limón grande
Clara, 1
Crema de leche, 200 gramos

Preparación

1. Forrar un molde alto con aro desmontable con un disco de masa. Cocinarlo en horno moderado hasta que esté dorado y crocante. Reservar.
2. Poner las yemas en una cacerola junto con ½ taza de azúcar y el jugo de limón.
3. Revolver continuamente sobre el fuego con cuchara de madera hasta que espese pero sin que llegue a hervir.
4. Batir la clara a punto nieve.
5. Añadirle de a poco la clara restante, y seguir batiendo hasta obtener un merengue consistente.
6. Batir la crema de leche hasta que esté bien espesa.
7. Verter de a poco la crema de limón sobre la clara a nieve, sin dejar de revolver. Se formará espuma en la superficie.
8. Mezclar a esta espuma la crema de leche (menos 3 cucharadas) y la ralladura de limón.
9. Distribuir en copas y poner a enfriar, hasta que la mousse esté firme.
10. Decorar el centro con cada una de las cucharadas de crema reservadas.

Tarta mousse de chocolate blanco

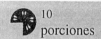
Ingredientes

*Masa brisé dulce
(ver recetas básicas),
cantidad necesaria
Chocolate cobertura blanco,
300 gramos
Huevos, 4
Azúcar, 2 cucharadas
Gelatina sin sabor, 1 sobre
Esencia de vainilla, 1 cucharadita
Frutillas, para decorar
Viruta de chocolate blanco,
para decorar*

Preparación

1. Cocinar en un molde alto con aro desmontable un disco de masa brisée hasta dorar. Desmoldar una vez frío y reservar fuera de la heladera.
2. Fundir el chocolate cobertura a baño maría hasta que tome punto de fusión.
3. Separar las yemas de las claras.
4. Batir las yemas con el azúcar hasta que estén claras y cremosas.
5. Incorporar al batido de yemas, poco a poco, el chocolate derretido.
6. Remojar la gelatina en un poco de agua fría y luego terminar de disolverla a baño maría. Incorporarla a la mezcla de chocolate y yemas. Mezclar bien.
7. Batir las claras a nieve. Unirlas suavemente al batido de yemas y chocolate. Perfumar con la esencia de vainilla.
8. Verter la mezcla en la cubierta de masa cocida y llevar a la heladera hasta que el relleno esté firme.
9. Decorar la superficie con frutillas enteras y virutas de chocolate blanco.
10. Mantener en la heladera hasta el momento de servir.

Tarta mousse de naranja

 Medianamente fácil 60 minutos 20 a 30 minutos 10 porciones

Ingredientes

Masa de tarta crocante dulce
(ver recetas básicas),
cantidad necesaria
Gelatina en polvo, sin sabor,
1 cucharada
Jugo de naranjas colado, 1/3 de taza
Ralladura de cáscara de 2 naranjas
Yemas, 4
Claras, 4
Azúcar, ½ taza
Gajos de naranja sin hollejos ni
semillas, para decorar
Mermelada de damascos,
para abrillantar
Crema chantilly y mitades de
nueces, para decorar

Preparación

1. Forrar un molde alto con aro desmontable con un disco de masa. Cocinarlo en horno moderado hasta que esté dorado y crocante. Reservar.
2. Remojar la gelatina en el jugo de naranja. Disolverla a baño maría.
3. Batir las yemas con ¼ de taza de azúcar hasta que estén cremosas.
4. Agregarles la ralladura de naranjas y la gelatina disuelta en el jugo.
5. Ubicar la preparación en la heladera hasta que espese como mayonesa.
6. Batir las claras a punto nieve y agregarles, de a poco, el azúcar restante, mientras se sigue batiendo para obtener un merengue duro.
7. Batir la crema de leche hasta que se espese.
8. Retirar la preparación de gelatina de la heladera y batirla hasta que se torne espumosa.
9. Mezclarla suavemente con la crema de leche y el merengue.
10. Verter la mezcla en el molde forrado con la masa de tarta cocida.
11. Colocar en la heladera hasta que la crema esté firme.
12. Desmoldar y decorar a gusto la superficie con gajos de naranja, copitos de crema chantilly y mitades de nueces. Abrillantar los gajos con mermelada reducida.
13. Mantener en la heladera hasta el momento de servir.

Tarta mousse de chocolate

Ingredientes

Masa de tarta crocante
(ver recetas básicas),
cantidad necesaria
Chocolate, 180 gramos
Crema de leche, 6 cucharadas
Azúcar, 6 cucharadas
Yemas, 6
Claras batidas a nieve, 6
Gelatina sin sabor, 1 sobre

Preparación

1. Forrar un molde alto con aro desmontable con un disco de masa. Cocinarlo en horno moderado hasta que esté dorado y crocante. Reservar.
2. Cortar el chocolate en pequeños trozos sobre una sartén, agregar dos cucharadas de crema y calentar a horno lento hasta que el chocolate se ablande. Retirar del horno y mezclar los ingredientes hasta lograr una crema.
3. Batir las yemas con el azúcar hasta que estén esponjosas y unirlas con la crema de chocolate.
4. Batir la crema de leche hasta que espese (debe obtener una crema liviana).
5. Unir la crema de leche junto con la unión de la crema de chocolate y la de las yemas.
6. Remojar la gelatina en agua fría. Disolverla completamente a baño maría y añadir a la preparación anterior.
7. Por último incorporar las claras batidas a nieve suavemente a la preparación de chocolate.
8. Verter la mousse en la tarta cocida y dejar enfriar en la heladera hasta el día siguiente.
9. Decorar la tarta con una manga.

Tarta mousse de frutillas

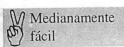 Medianamente fácil   60 minutos   20 a 30 minutos   6 a 8 porciones

Ingredientes

Masa de tarta dulce a elección
(ver recetas básicas),
cantidad necesaria
Frutillas lavadas y sin cabo, 2 tazas
Azúcar, ¾ de taza
Jugo de limón, 1 cucharada
Gelatina en polvo sin sabor,
1 y ½ cucharadas
Agua fría, ¼ de taza
Agua caliente, cantidad necesaria
Crema de leche, ½ taza
Claras, 2
Sal, una pizca
Crema chantilly, para decorar

Preparación

1. Forrar un molde alto con aro desmontable con un disco de masa. Cocinarlo en horno moderado hasta que esté dorado y crocante. Reservar.
2. Cortar en rodajas 1 y ½ tazas de frutillas, ponerlas en un bol y cubrirlas con el azúcar. Dejar macerar 2 horas.
3. Remojar la gelatina en agua fría.
4. Colar el jugo que soltaron las frutillas y, si es necesario, añadir agua caliente hasta obtener ½ taza de líquido. Disolver la gelatina remojada en este líquido. Llevar al fuego hasta disolver completamente.
5. Añadir la gelatina a las frutillas maceradas y llevar a la heladera hasta que la gelatina se espese bastante, pero antes de que se ponga dura.
6. Batir la crema hasta que se espese.
7. Añadir la pizca de sal a las claras y batirlas a punto nieve.
8. Incorporar primero a la gelatina de frutillas la crema batida y luego las claras a nieve con movimientos suaves.
9. Verter la preparación en la cubierta de masa y llevar a la heladera hasta que la mousse se torne consistente.
10. Decorar con la ½ taza de frutillas enteras y copetes de crema chantilly.
11. Dejar en la heladera hasta el momento de servir.

CAPÍTULO 19

Pasteles (Pies)

Pecan pie

Este pastel se hace en Estados Unidos con nueces "pacanas", pero aquí se reemplaza por almendras.

 Fácil 30 minutos 60 minutos 6 a 8 porciones

Ingredientes

Masa brisée (ver recetas básicas),
   cantidad necesaria
Huevos, 5
Azúcar, 120 gramos
Manteca, 50 gramos
Coñac, 1 copita
Almendras sin piel, 180 gramos
Esencia de vainilla, ½ cucharadita
Crema chantilly, a gusto

Preparación

1. Tostar las almendras en el horno, dejarlas enfriar y molerlas grueso.

2. Poner los huevos y el azúcar en un bol y batirlos hasta que estén espumosos.
3. Incorporar la esencia de vainilla, el coñac y la manteca derretida. Mezclar.
4. Aparte forrar con la masa brisée una tartera enmantecada y enharinada. Quitar el exceso de masa de los bordes y repulgar.
5. Poner las almendras tostadas y molidas en el fondo de la tarta.
6. Verter la crema de huevos encima de las almendras.
7. Cocinar en horno moderado durante 1 hora aproximadamente.
8. Dejar enfriar a temperatura ambiente y servir con un copete de crema chantilly.

Pastel de frambuesas con crema ácida

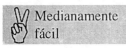 Medianamente fácil

 30 minutos

 50 a 60 minutos

 6 porciones

Ingredientes

*Masa crocante apenas salada
(ver recetas básicas saladas),
cantidad necesaria para 2 discos*
Dulce de frambuesas, 450 gramos
*Almendras finamente molidas,
100 gramos*
Leche, 1 vaso
*Crema de leche batida espesa,
3 cucharadas*
Jugo de limón, 1 cucharadita
Yema de huevo, 1
Canela en polvo, una cucharadita
Azúcar impalpable, a gusto

Preparación

1. Poner las almendras en polvo y la leche en una cacerola. Llevar al fuego hasta obtener una crema espesa. Retirar del fuego y dejar enfriar.
2. Añadir el jugo de limón a la crema de leche para obtener una crema ácida, la canela y la yema. Unir esta preparación a la crema de almendras.
3. Enmantecar y enharinar una tartera. Forrarla con un disco de masa grande de modo que quede un reborde de masa hacia afuera.
4. Verter el dulce de frambuesas en el fondo de la masa y repartirlo en forma homogénea.
5. Volcar la crema de almendras sobre el dulce de frambuesas.
6. Cubrir con otro disco de masa, más pequeño y llevar los bordes de masa del disco inferior hacia adentro, apoyándolos sobre el disco superior.
7. Cocinar en horno moderado hasta que esté dorada. Dejar enfriar, espolvorear con azúcar impalpable y servir.

Apple pie

Ingredientes

Masa brisée (ver recetas básicas),
   cantidad necesaria
Manzanas, 4
Almendras molidas, 50 gramos
Azúcar, 80 gramos y 2 cucharadas
Manteca, cantidad necesaria
Leche, 4 cucharadas
Crema chantilly, a gusto

Preparación

1. Pelar y cortar una manzana en rodajas finitas. Quitarle las semillas y ponerla en una cacerola sobre fuego lento junto con una cucharada de manteca. Cocinar 10 minutos aproximadamente, hasta que esté tierna y hacer un puré. Reservar.
2. Pelar las otras 3 manzanas, descarozarlas y cortarlas en rodajas finas y luego cada rodaja en cuartos.

Añadirles los 80 gramos de azúcar. Mezclarlas en un bol junto con el puré de manzanas. Reservar.
3. Forrar una tartera enmantecada y enharinada con un disco de masa brisée.
4. Derretir manteca, entibiarla y pincelar con ella el fondo y los costados de la masa del molde.
5. Sobre el fondo de masa pincelada con manteca, espolvorear las almendras molidas.
6. Rellenar la tarta con las manzanas.
7. Tapar con otro disco de masa, repulgar los bordes y hacer cortes en la superficie para que escape el vapor.
8. Mezclar las cucharadas de leche con las de azúcar y pintar la superficie del pie de manzanas.
9. Cocinar en horno moderado hasta que la masa esté dorada y crujiente.
10. Servir tibio con un copete de crema chantilly bien fría.

Pastel borrachito de manzanas

 Fácil 30 minutos 25 a 35 minutos 6 a 8 porciones

Ingredientes

*Masa de pastel dulce (ver recetas
básicas), cantidad necesaria*
Manzanas, 6
*Pasas de uva, previamente remojadas
en coñac y escurridas, 1/3 de taza*
Azúcar, 7 cucharadas
Canela, 1 cucharadita
Oporto, 1 cucharada
*Manteca y harina,
cantidad necesaria*
*Huevo batido, cantidad necesaria
para pintar la masa*

Preparación

1. Dividir la masa en dos bollos, uno
más grande que el otro.
2. Tomar el bollo más grande de masa,
estirarlo sobre la mesada enharinada
y forrar un molde, desmontable,
enmantecado y enharinado con este
bollo de masa básica de pastel dulce.
Pinchar completamente. Reservar
en crudo.

3. Pelar y cortar las manzanas en
finas láminas. Colocarlas en un bol.
4. Espolvorear las láminas de manzana
con el azúcar. Agregar el oporto y
mezclar con las manos con cuidado
para que no se desarme la manzana.
5. Cubrir el fondo del molde forrado
con la masa en crudo con la preparación
anterior de manzanas en forma pareja.
6. Espolvorear toda la superficie del
pastel con la canela.
7. Estirar el bollo de masa restante,
pintar los bordes con huevo batido, y
tapar con ella el relleno de manzanas,
presionándola contra los bordes de la
masa de abajo para que los bordes
queden bien pegaditos.
8. Con un cuchillo filoso, hacer en la
superficie del pastel unas pequeñas
incisiones en la masa para que escape
el vapor durante la coccción.
9. Pintar la superficie completamete
con huevo batido.
10. Llevar a horno caliente y cocinar
hasta que el relleno esté cocido y el
pastel bien doradito.

Pastel cremoso de manzanas

 Fácil 20 minutos | 25 a 35 minutos | 6 a 8 porciones

Ingredientes

*Masa de pastel dulce (ver recetas
básicas), cantidad necesaria*
*Manzanas en compota,
picadas y escurridas, 5*
Nueces, picadas, ½ taza
Azúcar, 6 cucharadas
Yemas, ligeramente batidas, 4
Claras, batidas a nieve, 3
Coñac, 2 cucharaditas
Crema de leche, batida espesa, 1 taza
*Manteca y harina, cantidad
necesaria para molde*
*Huevo batido, cantidad necesaria
para pintar el pastel*

Preparación

1. Dividir la masa básica para pasteles
dulces II en dos bollos, uno más
grande que el otro.
2. Estirar el bollo de masa más
grande sobre la mesada enharinada,
hasta que quede aproximadamente
de 4 milímetros.
3. Forrar un molde, desmontable,
enmantecado y enharinado. Pinchar
completamente. Reservar en crudo.

4. Colocar la compota de manzanas,
picadas y escurridas, en un bol.
5. Agregar las nueces picadas, el
azúcar, las yemas batidas, las
cucharaditas de coñac y la crema de
leche batida espesa. Mezclar bien.
6. Unir las claras batidas a nieve a la
preparación anterior con suaves
movimientos envolventes.
7. Luego verter en el molde forrado
con la masa en crudo, rellenándolo
en forma pareja. Reservar.
8. Estirar el bollo de masa restante,
pintar los bordes de la misma con
huevo batido y cubrir con ella el relleno
cremoso de manzanas. Presionar
ambos bordes, el de la masa de arriba
pintado con huevo y el sobresaliente
de la masa de abajo, con los dedos,
para queden bien pegaditos. Hacer un
repulgo decorativo.
9. Utilizar un cuchillo filoso y hacer,
en la superficie del pastel, unas pequeñas
incisiones en la masa, para que escape
el vapor durante la cocción.
10. Pintar la superficie completamete
con huevo batido.
11. Llevar a horno caliente y cocinar
hasta que el relleno esté cocido y el
pastel bien doradito.

Pastel de frutillas

 Fácil   🕐 30 minutos   ⌛ 20 a 30 minutos   🍰 6 a 8 porciones

Ingredientes

*Masa de pastel dulce (ver recetas
  básicas), cantidad necesaria*
*Frutillas, lavadas y cortadas
  en láminas finas, 250 gramos*
Azúcar, 250 gramos
Yemas batidas, 4
Claras batidas a nieve, 4
*Crema de leche, batida espesa,
  200 gramos*
*Manteca y harina, en cantidad
  necesaria*
*Huevo batido, cantidad necesaria
  para pintar masa de pastel*

Preparación

1. Dividir la masa básica de pastel
dulce I, en dos bollos, uno más grande
que el otro.
2. Tomar el bollo mas grande de masa,
estirar sobre la mesada enharinada,
hasta que quede aproximadamente de
3 a 4 milímetros de grosor. Forrar un
molde desmontable, enmantecado y
enharinado, con la masa ya estirada.

Pinchar completamente. Reservar
en crudo.
3. Colocar las láminas de frutillas
junto con el azúcar en un bol. Mezclar.
4. Agregar las yemas y la crema de
leche batidas al bol. Mezclar bien.
5. Unirle a la preparación de frutillas,
las claras batidas a nieve, con suaves
movimientos envolventes.
6. Rellenar el molde forrado con la masa
en crudo con la preparación de frutillas.
7. Estirar el bollo de masa restante,
pintar los bordes con huevo batido y
tapar con ella el relleno de frutillas.
Presionar ambos bordes, el de la
masa de arriba con el de la masa de
abajo, con los dedos, para que queden
bien unidos. Hacer un repulgo a elección.
8. Con un cuchillo filoso, hacer en la
superficie del pastel unas pequeñas
incisiones en la masa, para que
escape el vapor durante la coccción.
9. Pintar la superficie completamete
con huevo batido.
10. Llevar a horno caliente y cocinar
hasta que el relleno esté cocido y el
pastel bien doradito.

Pastel de peras y nueces

 Fácil 40 minutos 20 a 30 minutos   6 a 8 porciones

Ingredientes

Masa de pastel dulce (ver recetas básicas), cantidad necesaria
Peras peladas y procesadas, 2 y ½ tazas
Nueces, peladas y picadas, 1 taza
Yemas, ligeramente batidas, 3
Claras, batidas a nieve, 3
Crema de leche, batida espesa, ½ taza
Azúcar impalpable tamizada, 1 taza
Manteca y harina, cantidad necesaria para molde
Huevo batido, cantidad necesaria para pintar el pastel

Preparación

1. Dividir la masa básica para pasteles dulces II, en dos bollos, uno más grande que el otro.
2. Estirar el bollo de masa más grande, sobre la mesada enharinada, hasta que quede aproximadamente de 4 o 5 milímetros.
3. Luego de estirarla, forrar con ella un molde desmontable, enmantecado y enharinado. Pinchar completamente. Reservar en crudo.

4. Colocar en un bol las peras procesadas, las nueces picadas, el azúcar, las yemas batidas y la crema de leche batida espesa. Mezclar bien.
5. Unir las claras batidas a nieve a la preparación anterior con suaves movimientos envolventes.
6. Rellenar con ella el molde forrado con la masa en crudo. Reservar.
7. Estirar el bollo de masa restante, pintar los bordes de la misma con huevo batido y cubrir con ella el relleno cremoso de manzanas. Presionar ambos bordes, el de la masa de arriba pintado con huevo y el sobresaliente de la masa de abajo, con los dedos, para queden bien pegaditos. Hacer un repulgo decorativo.
8. Utilizar un cuchillo filoso y hacer en la superficie del pastel unas pequeñas incisiones en la masa, para que escape el vapor durante la cocción.
9. Pintar la superficie completamete con huevo batido.
10. Llevar a horno caliente y cocinar hasta que el relleno esté cocido y el pastel bien doradito.

Pastel de ciruelas

Ingredientes

*Masa de pastel dulce (ver recetas
básicas), cantidad necesaria*
*Ciruelas en compota, picadas y
escurridas, 3 tazas*
Azúcar, 1 taza
Yemas, 4
Claras batidas a nieve, 3
*Crema de leche, batida espesa,
1 taza*
*Manteca y harina,
cantidad necesaria para molde*
*Huevo batido, cantidad necesaria
para pintar el pastel*

Preparación

1. Dividir la masa básica para
pasteles dulces II en dos bollos, uno
más grande que el otro.
2. Estirar el bollo de masa más
grande sobre la mesada enharinada,
hasta que quede aproximadamente de
4 milímetros.
3. Forrar, con ella un molde desmontable, enmantecado y enharinado. Pinchar
completamente. Reservar en crudo.

4. Colocar las yemas y el azúcar en
un bol. Batir hasta que las yemas
estén casi blancas.
5. Agregar la compota de ciruelas,
picadas y escurridas y la crema de leche
batida espesa al bol. Mezclar bien.
6. Con suaves movimientos
envolventes, mezclar a la preparación
anterior, las claras batidas a nieve.
7. Luego verter en el molde forrado
con la masa en crudo, rellenándolo
en forma pareja. Reservar.
8. Estirar el bollo de masa restante,
pintar los bordes de la misma con
huevo batido, y cubrir con ella el
relleno cremoso de manzanas.
Presionar ambos bordes, el de la
masa de arriba pintado con huevo y el
sobresaliente de la masa de abajo con
los dedos para queden bien pegaditos.
Hacer un repulgo decorativo.
9. Utilizar un cuchillo filoso y hacer,
unas pequeñas incisiones en la masa
en la superficie del pastel, para que
escape el vapor durante la cocción.
10. Pintar la superficie completamene
con huevo batido.
11. Llevar a horno caliente y cocinar
hasta que el relleno esté cocido y
bien doradito.

CAPÍTULO 20

Tartas tradicionales

Tarta tatín

 Fácil 20 minutos 35 minutos 4 porciones

Ingredientes

Masa crocante (ver recetas básicas),
  cantidad necesaria
Manzanas, 4
Azúcar, 6 cucharadas
Jugo de ½ limón
Manteca, 50 gramos
Canela en polvo, a gusto
Crema chantilly, a gusto

Preparación

1. Pelar las manzanas, quitarles las pepitas y cortarlas primero por la mitad y luego en cuartos. Frotarlas con el jugo de limón para que no se oscurezcan y espolvorearlas con canela.
2. Aparte poner en una tartera profunda de aproximadamente 20 centímetros de diámetro el azúcar y 3 cucharadas de agua. Poner la tartera directamente sobre el fuego de la hornalla hasta que se forme un caramelo claro. Retirar la tartera del fuego e incorporar al caramelo la manteca. Mezclar bien.
3. Cubrir totalmente el fondo caramelizado de la tartera con los cuartos de manzana, ubicándolos con el hueco (donde estaban las semillas) hacia arriba.

4. Llevar al horno las manzanas y cocinar a fuego suave aproximadamente 20 minutos. Retirar del horno y dejar enfriar.

5. Estirar un disco de masa 2 centímetros más grande que el diámetro de la tartera. Cubrir con la masa las manzanas cocidas hundiendo los bordes de la masa todo alrededor.

6. Llevar a horno caliente otros 20 minutos o hasta que la cubierta esté dorada y crujiente.

7. Retirar la tarta del horno, pasar un cuchillo por los bordes para aflojarla y dejar reposar 10 minutos.

8. Poner sobre la tartera una fuente o plato e invertir la tarta con rapidez. Dejar la tarta invertida sobre el plato unos minutos y retirar el molde.

La tarta tatín, una especialidad de la cocina francesa, es una especie de tarta invertida, donde la masa queda abajo y arriba una cubierta caramelizada.

Claufoutis

 Medianamente fácil   40 minutos   40 a 50 minutos 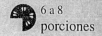 6 a 8 porciones

Ingredientes

*Masa brisée (ver recetas básicas),
   cantidad necesaria*
Cerezas, 500 gramos
Leche, 1 y ½ litros
Chaucha de vainilla, 1
Crema de leche, ½ taza
Harina, 1 cucharada
Huevos, 4
Azúcar, 150 gramos
Azúcar impalpable, 3 cucharadas

Preparación

1. Estirar la masa con un espesor de 2 a 3 milímetros y forrar con ella una tartera enmantecada y enharinada de por lo menos 2 centímetros de profundidad. Repulgar los bordes y reservar en la heladera 15 minutos.

2. Pinchar la superficie de la masa y cocinar en horno mediano aproximadamente 20 minutos, sin llegar a dorar.

3. Aparte lavar las cerezas, quitarles los cabos y carozos y reservar.

4. Hervir la leche con la chaucha de vainilla durante 2 minutos. Dejar entibiar y retirar la chaucha.

Incorporarle la crema de leche. Reservar

5. Batir los huevos con el azúcar. Incorporarles la cucharada de harina y mezclar bien. Unir esta preparación a la leche y revolver bien.

6. Colocar en el fondo de la tarta las cerezas hasta cubrirlo totalmente.

7. Verter sobre las cerezas la crema de leche y huevos.

8. Cocinar en horno moderado de 25 a 30 minutos.

9. Una vez tibia, espolvorear con el azúcar impalpable la superficie y servir.

Pizza ricota

 Fácil 25 minutos 45 a 50 minutos 6 a 8 porciones

Ingredientes

Masa brisée o masa de pasta frola
  (ver recetas básicas),
  cantidad necesaria
Ricota, 600 gramos
Nueces molidas, 2 cucharadas
Almendras molidas, 2 cucharadas
Frutas confitadas picadas,
  30 gramos
Harina, 1 cucharada
Huevos, 3
Azúcar, 150 gramos
Esencia de vainilla, 1 cucharadita

Preparación

1. Enmantecar y enharinar un molde de tarta profundo de 20 centímetros de diámetro. Estirar la masa y forrar el molde. Repulgar los bordes con la ayuda de un tenedor. Reservar en la heladera.

2. Trabajar la ricota con un tenedor para deshacerla. Añadirle los huevos, el azúcar y la esencia de vainilla. Mezclar todo bien.

3. Incorporar la cucharada de harina previamente tamizada, las nueces y almendras molidas y la fruta confitada cortada en trocitos. Verter la preparación en la tartera recubierta de masa.

4. Tapar con masa y pasar el palo de amasar sobre los bordes del molde para cortar el sobrante.

5. Cocinar en horno moderado hasta que el relleno esté firme y la superficie dorada.

Pasta frola

 Fácil 30 minutos 30 a 40 minutos 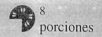 8 porciones

Ingredientes

Masa frola (ver recetas básicas), cantidad necesaria
Dulce de membrillo, ½ kilo
Jugo de limón, 1 cucharadita
Agua caliente, cantidad necesaria
Huevo batido, 1

Preparación

1. Estirar la masa frola y forrar una tartera poco profunda, enmantecada y enharinada. Reservar una porción de masa extra.

2. Deshacer con un tenedor el dulce de membrillo. Añadirle el jugo de limón.

3. Echar de a chorritos agua caliente sobre el dulce y mezclar para derretirlo y obtener una pasta firme pero cremosa.

4. Extender el dulce en el fondo de la tartera recubierta de masa.

5. Estirar la masa frola reservada, de ½ centímetro de espesor. Con una ruedita de hacer ravioles cortar tiras de 1 centímetro de ancho y formar sobre el dulce un enrejado. Poner también una tira de masa todo alrededor del borde, uniéndola a la masa de abajo.

6. Pincelar las tiras de masa con huevo batido y llevar la pasta frola a horno moderado hasta que la masa esté cocida y dorada.

7. Dejar enfriar y servir.

Torta linzer

 Fácil 1 y ½ horas 45 minutos 10 a 12 porciones

Ingredientes

Manteca, 1 taza
Azúcar, 1 taza
Huevos, 2
Harina, 2 tazas
Canela en polvo, 2 cucharaditas
Almendras peladas y tostadas,
  2 tazas
Cacao, 1 cucharada
Polvo para hornear, ½ cucharadita
Sal, una pizca
Mermelada de frambuesas,
  cantidad necesaria

Preparación

1. Triturar las almendras y colocarlas en un bol.
2. Agregar a bol la manteca y cortar está con dos cuchillos hasta convertirla en granitos.
3. Incorporar el azúcar y los huevos. Mezclar bien.
4. Tamizar la harina con la canela, el cacao y el polvo para hornear.
5. Unir la mezcla de harina con la de manteca y formar una masa. Envolver en polietileno y dejar descansar en la heladera una hora.
6. Dividir la masa en dos partes: una un poquito más grande que la otra. Estirar la masa más grande y forrar con ella una tartera.
7. Rellenar la masa con la mermelada de frambuesa.
8. Estirar el resto de la masa, cortar en tiras y cubrir el relleno formando un enrejado estilo pasta frola.
9. Cocinar en horno moderado. Una vez fría, rellenar los huecos del enrejado con más mermelada.

Lemon pie

Fácil   35 minutos   20 minutos   10 porciones

Ingredientes

*Masa dulce crocante para tarta
(ver recetas básicas),
cantidad necesaria para 1 tarta
Clara, 1
Leche condensada, 1 lata
Ralladura de limón, 1 cucharada
Jugo de limón, 1/3 de taza
Yemas, 4
Merengue de 4 claras (con azúcar)
Azúcar impalpable tamizada,
cantidad necesaria*

Preparación

1. Forrar una tartera mediana con la masa. Pincharla con un tenedor, pintarla con la clara y cocinarla en horno caliente. Retirar del horno, pero no desmoldar.

2. Aparte mezclar la leche condensada con el jugo de limón, la ralladura y las yemas.

3. Verter la mezcla en la tarta ya cocida y fría.

4. Poner el merengue en una manga con boquilla grande rizada y trazar cordones gruesos, para hacer un enrejado. También puede cubrirse totalmente el relleno con el merengue formando picos.

5. Espolvorear el merengue con el azúcar impalpable tamizada.

6. Cocinar en horno más bien suave unos 15 minutos o hasta que el merengue esté dorado.

7. Retirar del horno, dejar entibiar y ubicar en la heladera hasta que esté totalmente fría.

CAPÍTULO 21

Tartinas y tarteletas dulces

Tarteletas de almendras

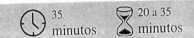

 Fácil 35 minutos | 20 a 35 minutos | 10 a 15 tarteletas

Ingredientes

*Masa imitación hojaldre
  (ver recetas básicas),
  cantidad necesaria*
Yemas, 2
Azúcar, 4 cucharadas
Almendras molidas, 1 taza
Harina leudante, 2 cucharadas
*Mermelada reducida,
  para abrillantar*

Preparación

1. Forrar las tarteletas con la masa de hojaldre. Cocinarlas de la forma acostumbrada, pero sin que se doren.
2. Aparte batir las yemas con el azúcar hasta que estén muy espumosas.
3. Añadirle las almendras molidas y la harina leudante. Mezclar bien.
4. Cocinar en horno caliente hasta que el relleno de las tarteletas esté cocido pero húmedo.
5. Retirar del horno, dejar enfriar y pintar con mermelada reducida para abrillantar.

Tarteletas de frutillas

 Fácil 35 minutos 20 a 35 minutos 10 a 15 tarteletas

Ingredientes

Manteca, 100 gramos
Azúcar, 4 cucharadas
Yemas, 2
Harina, ¾ de taza
Dulce de leche de repostería,
   cantidad necesaria
Frutillas enteras limpias,
   cantidad necesaria
Chocolate cobertura, 1 tableta

Preparación

1. Aplastar la manteca sobre la mesada junto con el azúcar y las yemas hasta obtener una pasta tipo "pomada".
2. Agregarle la harina y unir rápidamente hasta obtener una masa tierna que no se pegotee. Si es necesario, añadir más harina.

3. Tomar trocitos de masa y forrar moldes para tarteletas pequeños y profundos de borde liso.
4. Recortar el excedente de los bordes.
5. Pinchar las tarteletas con un tenedor, apoyarlas en una placa para horno y cocinarlas en horno caliente hasta que estén doradas. Retirar del horno, desmoldar y reservar.
6. Rellenar el fondo de cada tarteleta con una capa generosa de dulce de leche.
7. Secar bien las frutillas y ubicar una en cada tarteleta con la punta hacia arriba (invertidas).
8. Calentar a baño maría el chocolate cobertura y bañar cada tarteleta de modo que las frutillas queden cubiertas.
9. Colocar en la heladera hasta que el chocolate tome consistencia. Servir en pirotines.

Tartinas hojaldradas de durazno

 Fácil 20 minutos 20 a 35 minutos 4 tartinas

Ingredientes

Masa de hojaldre o similar,
   cantidad necesaria para 4 tartinas
   cuadradas o rectangulares
Huevo batido, 1
Azúcar, ¼ de taza

Ralladura de limón, 1 cucharadita
Duraznos grandes,
   cortados en gajos finos, 2
Miel, cantidad necesaria
Helado de vainilla
   (ver recetas básicas), 4 bochas

Preparación

1. Cortar un cuadrado de masa de hojaldre de aproximadamente 12 cm de lado. Apoyarlo en una placa para horno humedecida.

2. Cortar tiras de masa de 1 y ½ cm de ancho por 12 cm de largo y armar un marco sobre cada cuadrado de masa pegándolas con huevo batido.

3. Pintar todo con huevo batido y pinchar el fondo de cada tarteleta con un tenedor.

4. Tapar con un papel manteca y estacionar en la heladera 10 minutos o más.

5. Mezclar el azúcar con la ralladura de limón. Retirar las tartinas de la heladera y espolvorear con el azúcar el fondo de cada una.

6. Ubicar decorativamente encima las rodajas de durazno. Pincelar con miel.

7. Llevar a horno caliente y luego moderado hasta que las tartinas estén doradas y cocidas (aproximadamente 20 minutos).

8. Servir las tartinas tibias junto con una bocha de helado de vainilla.

Tartinas de manzanas

 Fácil   20 minutos   15 a 20 minutos   4 a 6 tartinas

Ingredientes

*Masa crocante para tarta dulce
  o tarteletas (ver recetas básicas),
  cantidad necesaria*
Manzanas ácidas o deliciosas, 2
Jugo de limón, cantidad necesaria
Azúcar, 1 taza
*Mermelada reducida,
  cantidad necesaria*
*Crema pastelera espesa a la
  vainilla, 2 tazas*

Preparación

1. Quitar el centro a las manzanas y cortarlas en gajos finos, sin pelarlas.

2. Rociarlas con jugo de limón y espolvorearlas con el azúcar.

3. Aparte, forrar moldes de tartinas o tarteletas grandes con masa. Cocinarlas " a blanco" y reservar.

4. Preparar la crema pastelera espesa, dejarla enfriar y con ella rellenar las tartinas.

5. Cubrir la crema pastelera con las rodajas de manzana, ubicándolas en forma decorativa.

6. Llevar las tartinas al horno hasta que la masa esté crocante y dorada y las manzanas tiernas.

7. Retirar del horno, dejar enfriar y pintar con mermelada reducida.

Tarteletas de dulce de leche y chocolate

Ingredientes

Masa imitación hojaldre (ver recetas básicas), cantidad necesaria
Dulce de leche de repostería, 1 taza
Barritas de chocolate rellenas, ¾ de taza
Agua, ¼ de taza
Crema de leche batida espesa, 1 taza
Amarettis, molidos, 250 gramos
Harina y manteca, cantidad necesaria para moldes de tarteletas
Praliné de almendras, cantidad necesaria para decorar
Crema chantilly, cantidad necesaria para decorar

Preparación

1. Forrar los moldes de tarteletas, previamente enmantecados y enharinados, con la masa de hojaldre. Cocinarlas de la forma acostumbrada hasta que se doren. Dejar enfriar, desmoldar y reservar.
2. Colocar el dulce de leche en un bol.
3. Derretir el chocolate rallado a baño maría en una cacerolita junto con el agua.
4. Una vez disuelto el chocolate, retirar del fuego y mezclarlo con el dulce de leche. Dejar enfriar.
5. Unir a la preparación la crema de leche batida espesa y mezclar bien. Reservar en la heladera hasta el momento de utilizar.
6. Rellenar las tarteletas colocando primero una capa de amarettis triturados y luego una porción de la crema de chocolate y dulce de leche.
7. Por último, decorar con un copito de crema chantilly y espolvorear con praliné de almendras.

Mini pasta frola

 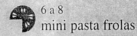
Ingredientes

Manteca, 100 gramos
Yemas, 2
Azúcar, 3 cucharadas
Ralladura de limón o esencia
de vainilla, a gusto
Leche, 2 cucharadas
Harina leudante, 1 taza
Dulce de membrillo,
cantidad necesaria
Huevo batido, para pintar
Mermelada reducida,
cantidad necesaria
Coco rallado, cantidad necesaria

Preparación

1. Hacer una pasta con la manteca, las yemas, el azúcar, la ralladura, la leche y la esencia de vainilla.
2. Mezclar la harina leudante rápidamente, hasta obtener un bollo liso y bien tierno.
3. Aplastar el dulce de membrillo con un tenedor, adicionándole un poco de agua caliente para tornarlo cremoso.
4. Forrar moldes de tartinas redondos con la masa. Reservar masa para la decoración.
5. Rellenar con el dulce de membrillo ablandado.
6. Estirar el resto de la masa y, con la ayuda de una ruedita para ravioles, cortar tiras de 1 cm de ancho.
7. Cruzarlas sobre el relleno de cada tartina formando un enrejado.
8. Pintar con huevo batido y cocinar en horno moderado.
9. Dejar enfriar y abrillantar con mermelada reducida.
10. Pegar un poco de coco rallado alrededor de los bordes.

Tarteletas de peras borrachas y nuez

 Fácil   30 minutos   10 a 15 minutos   8 a 10 tarteletas

Ingredientes

Masa dulce crocante (ver recetas básicas), cantidad necesaria
Compota de peras, (preparada con ¾ de vino tinto y ¼ de agua), 2 tazas
Nueces, peladas y picadas picadas, ¾ de taza
Azúcar, ½ taza
Yemas, 3
Claras, batidas a nieve, 2
Leche, 1 taza
Gelatina en polvo sin sabor, 1 cucharadita
Agua, 1 cucharada
Crema chantilly, para decorar

Preparación

1. Forrar con la masa moldes de tarteletas medianas, enmantecados y enharinados.
2. Pincharlas con un tenedor y cocinarlas en horno caliente hasta que estén sequitas y doradas. Desmoldar.
3. Batir las yemas con el azúcar y la leche.
4. Llevar al fuego, revolver continuamente sobre el fuego hasta que espese, pero sin que llegue a hervir.
5. Unir la preparación de yemas y azúcar a las claras batidas a nieve vertiendo en forma de hilo fino, sin dejar de batir, hasta incorporarla por completo.
6. Remojar la gelatina en agua fría y disolver a baño maría.
7. Agregar a la crema anterior.
8. Colocar en el fondo de las tarteletas una capa fina de nueces picadas y una más gruesa de compota de peras.
9. Cubrir con una capa porción de la crema de yemas y claras.
10. Poner las tarteletas en la fuente en la que se van a servir y llevarlas a la heladera hasta que la crema esté firme.
11. Por último, decorar la superficie de cada tarteleta con picos de crema chantilly empleando una boquilla rizada. Mantener en la heladera hasta el momento de servir.

Tarteletas de coco

 Fácil 40 minutos 15 a 20 minutos 8 a 10 tarteletas

Ingredientes

*Masa dulce crocante (ver receta
  básica), cantidad necesaria
Manteca, 70 gramos
Azúcar, 4 cucharadas gordas
Coco rallado seco, 120 gramos
Esencia de vainilla, 1 cucharadita
Huevos batidos, 2
Mermelada reducida (optativo)*

Preparación

1. Forrar moldes para tarteleta
(tamaño "masitas") enmantecados
y enharinados con la masa dulce
crocante, de modo que queden bien
finitas y parejas. Recortar los
excedentes de los bordes.

2. Poner la manteca y el azúcar en una
cacerolita y revolver continuamente
sobre el fuego hasta que la manteca
se funda.

3. Retirar del fuego e incorporar
el coco y la esencia.

4. Agregar los dos huevos y batir
rápidamente con batidor de alambre.

5. Distribuir esta mezcla en las
tarteletas, llenándolas sólo hasta los
2/3 de su capacidad.

6. Cocinar en horno moderado,
hasta que la masa esté dorada y el
relleno firme.

7. Desmoldar. Si desea, puede
pintar la superficie con mermelada
previamente reducida.

Tarteletas de higos y nuez

 Fácil 35 minutos 15 a 20 minutos 10 a 15 tarteletas

Ingredientes

*Masa dulce crocante (ver receta
  básica), cantidad necesaria
Yemas, 2
Huevo, 1
Azúcar, ½ taza
Leche, 1 taza
Claras, batidas a nieve, 2*

*Esencia de vainilla, 1 cucharadita
Gelatina en polvo sin sabor,
  1 cucharadita
Agua, 1 cucharada
Higos confitados picados, 1 y ½ tazas
  y para decorar
Nueces picadas, ½ taza y
  mitades para decorar
Crema chantilly, para decorar*

Preparación

1. Forrar con la masa moldes de tarteletas medianas.
2. Pincharlas con un tenedor y cocinarlas en horno caliente hasta que estén sequitas y doradas. Desmoldar.
3. Batir las yemas con el huevo, el azúcar y la leche.
4. Revolver continuamente sobre el fuego hasta que espese, pero sin dejar hervir.
5. Verter un poquito sobre las claras batidas a nieve, mientras seguir batiendo hasta incorporar toda la crema. Perfumar con esencia.
6. Remojar la gelatina en agua fría y disolver a baño maría.

7. Agregar a la crema anterior.
8. Colocar en el fondo de las tarteletas una cucharada de higos picados y espolvorearlos con nueces molidas.
9. Cubrir con una capa generosa de la crema preparada.
10. Poner las tarteletas en la fuente en la que se van a servir y llevarlas a la heladera hasta que la crema esté firme.
11. Decorar el centro de cada tarteleta con media nuez o un trozo de higo confitado y hacer alrededor de los bordes pequeños picos con crema chantilly empleando boquilla rizada.
12. Mantener en la heladera hasta el momento de servir previamente reducida.

Tartinas lemon pie

 Fácil 30 minutos 30 a 45 minutos 15 a 20 tarteletas

Ingredientes

Masa dulce crocante para tarta (ver receta básica), cantidad necesaria
Clara, 1
Leche condensada, 1 lata
Ralladura de limón, 1 cucharada
Jugo de limón, 1/3 de taza
Yemas, 4
Merengue de 4 claras (ver receta básica)
Azúcar impalpable tamizada, cantidad necesaria

Preparación

1. Forrar tarteletas grandes enmantecadas y enharinadas con la masa de tarta.
2. Pinchar la masa con un tenedor, pintarla con la clara y cocinar las tarteletas en horno caliente "a blanco" hasta que se cocinen, pero sin dorar.
3. Aparte mezclar la leche condensada con el jugo de limón, la ralladura y las yemas. Verter la mezcla en las tarteletas ya cocidas y ubicadas en placas limpias.
4. Cubrir las tarteletas con el merengue, colocado en forma de copos.
5. Espolvorear sobre el merengue azúcar impalpable.
6. Llevar las tarteletas a horno moderado 15 minutos o hasta que el merengue se dore. Retirar del horno, dejar entibiar y llevar a la heladera hasta que estén frías.

Índice

Tartas dulces y saladas

Tartas saladas